KB160604

원중거,
조선의 일본학을 열다

원중거,
조선의
일본학을
열다

하우봉 지음

경인문화사

 필자가 1980년대 초반 실학자들의 문집에 나와 있는 일본관련 기사를 통해 그들의 일본인식을 밝히는 작업을 시작한 이후 통신사행원들이 저술한 일본사행록을 찾는 데 힘을 기울였다. 왜냐하면 당시까지 사행원들의 일본사행록이 상당수 일실되고 정리되지 못한 상태에 있었기 때문이다. 1764년 계미통신사행 정사 조엄과 서기 성대중이 그때까지의 사행록을 모아 편집한 해행총재(海行摠載)에 25종의 사행록이 나온다. 그 후 1914년 조선고서간행회에서 정리해 일차 간행하였고, 해방 후에는 민족문화추진회에서 1974년부터 1979년까지 6년간에 걸쳐 '국역 해행총재'를 간행하였다. 여기에는 31종이 수록되었지만 피로인의 기록과 개항 후 수신사의 사행록이 포함되었다. 이와 같이 일본사행록에 관해 몇 차례에 걸친 정리와 간행이 있었지만 완전한 집대성은 미완의 과제로 남아있다. 따라서 일실된 사행록을 찾아내는 것이 일차적 과제로 되었다. 일본에 계신 이원식 교수님이 많은 노력을 기울여 일본에 있던 사행록을 발굴해 내었고, 필자도 이 작업에 동참해 도합 18종의 새로운 사행록을 찾아내었다. 이 가운데서도 가장 큰 보람을 느낀 것은 원중거의 사행록인 『화국지』의 발견이었다.

 필자가 『화국지』의 존재를 처음 알게 된 것은 이덕무의 『청비록(清脾錄)』에 '화국기(和國記)'라고 하는 책의 내용이 인용되어 있는 것을 보았을 때였다. 그 후 이규경의 『오주연문장전산고(五洲衍文長箋散稿)』의 「동사동국제가사류변증설(東事東國諸家史類辨證說)」이란 항목에서 또 '화국기'란 서명을 발견하였다. 그래서 이 책을 찾고 있던 중에 마에마 고사쿠(前間恭作)의 『고선책보(古鮮冊譜)』에 『화국지』에 관한 간략한 해제를 볼수 있었다. 그런데 여기에는 그 원본의 소재처에 관한 기술이 없었다. 그 뒤 계속 관심을 가지고 알아보던 중 일본 규슈대학(九州大學) 조선사연구실에 있었던 『세이키도문고 선본목록(成簣堂文庫善本目錄)』에서 『화국지』를 찾아내었다. 세이키도문고는 근대 일본의 언론인이자 역사학자인 도쿠도미 소호(德富蘇峰)가 자신의 소장도서를 바탕으로 만든 문고인데, 그 속에는 조선에서 간행된 귀중한 전적과 문서들이 많이 포함되어 있다. 세이키도문고의 소장도서들은 도쿠도미 소호가 죽은 뒤 도쿄에 있는 오차노미즈도서관(御茶の圖書館)으로 옮겨져 보관되어 있다.

당시 일본 규슈대학에서 연구하고 있었던 필자는 1985년 12월 오차노미즈도서관을 방문해 『화국지』의 열람을 신청하였다. 『화국지』를 처음 본 순간의 감격을 지금도 잊을 수 없다. 『화국지』는 천·지·인 3권으로 구성되어 있으며, 분량은 세 권 모두 합쳐 총 263장에 달하였다. 또 천권의 앞부분에는 총도(總圖)와 각 주별로 나뉜 일본지도 12장이 홍색·청색·흑색의 3색으로 그려져 있었다. 천권의 표지에는 도쿠도미 소호가 썼다고 보이는바 "드물게 보는 진기한 서적이다(罕覩之珍籍也)"라는 글이 쓰여 있고, 각 권의 표지 안쪽에 '도쿠도미씨도서기(德富氏圖書記)', '소호가 읽다(蘇峰讀過)', '도쿠도미(德富)'라는 도장이 찍혀 있었다. 또 인권의 권말에는 '1911년 7월 소호가 다 읽었음(明治四十四年七月 蘇峰讀訖)'이라는 메모가 있었다. 이 『화국지』는 필사본으로서 세 권 모두 서체가 뛰어나고 동일한 점, 표지의 장정과 끈의 묶음새, 용지의 모양 등이 일본식이 아니고 조선식이라는 점, 그리고 '드물게 보는 진기한 서적'이라는 도쿠도미 소호의 논평 등으로 미루어 볼 때 이것은 일본에서 필사한 것이 아니고 원중거의 자필원본이라고 확신할 수 있었다. 도쿠도미 소호는 1906년 조선에 와서 경성일보(京城日報)를 창간하는 등의 활동을 했는데 대략 이 시기에 구득했을 것으로 추측된다.

그런데 오차노미즈도서관의 규정에 따르면 『화국지』는 특별관리대상인 귀중본으로서 하루에 복사할 수 있는 수량이 엄격하게 제한되었다. 그래서 도쿄대에 유학 중이던 우인의 도움을 받으면서 일정을 최대한 늘려 거의 1개월 만에 다 복사할 수 있었다. 『화국지』를 찾아내 복사해 온 것은 2년간의 일본체재 기간 중 가장 보람을 느낀 일이었다. 이어서 원중거가 저술한 또 하나의 사행록인 『승사록』도 고려대학교도서관의 육당문고본에서 찾아내었다. 역시 귀중본으로 도서관의 엄격한 규정이 있었지만 비교적 수월하게 복사할 수 있었다.

『화국지』에 관해서는 귀국 직후 학계에 발견경위와 개략적인 내용에 관해 논문을 통해 보고하였고, 이어 원중거의 일본인식에 관해서 논문을 발표하였다. 『화국지』는 그 후 벽사 이우성 교수님의 권유에 따라 『서벽외사해외수일본(栖碧外史海外蒐佚本)』 시리즈에 포함시켜 1990년 아세아문화사에서 영인본으로 간행되었다. 이로써 국내의 연구자들에게 널리 알려지게 되었고, 2000년대 초반에 이화여대 이혜순교수연구팀에 의해 국역되었다. 『화국지』는 박재금에 의해 번역되어 "와신상담의 마음으로 일본을 기록하다"란 이름으로, 『승사록』은 김경숙에 의해 번역되어 "조선후기 지식인, 일본과 만나다"란 제목으로 2006년에 소명출판에서 간행되었다. 이후 오늘에 이르기까지 원중거와 『화국지』, 『승사록』에 관해 다양한 연구자들에 의해 많은 논문들이 생산되고 있다.

　필자는 조선시대의 '국제인'으로 15세기의 신숙주, 16세기의 이수광, 18세기의 이익을 생각해왔다. 여기에 또 한 사람을 추가한다면 일말의 망설임도 없이 원중거를 꼽는다.

　조선초기의 대표적인 외교관이자 『해동제국기』의 저자인 신숙주와 조선후기의 원중거는 대일외교나 통신사행에서의 활동, 그리고 신분과 역할 면에서 차이가 있다. 그러나 개방적인 입장에 서서 일본을 이해하고자 했던 선각적 국제인이라는 점에서는 공통적이다. 두 사람은 모두 현실에 대한 정확한 인식과 깊은 통찰력을 바탕으로 일본 사회를 관찰하였다. 신숙주는 조선초기 대일외교를 일선에서 주도하였으며 당시의 변화하는 한일관계나 일본사회의 현실에 대해 정확하게 파악하고 있었다. 원중거 또한 18세기 후반 문화적 발전을 이룩한 일본사회의 본모습을 직시하려고 노력하였으며, 사행 후 당시 조선 지식인의 닫힌 태도와 조선사회의 낙후성을 비판하였다.

　다음으로 두 사람은 각자가 처한 당시 한일 간의 상황에 대한 문제제기와 함께 개혁안을 제시하였다. 신숙주는 『해동제국기』의 「조빙응접기」에서 15세기 중반 방만해졌던 조일관계의 문제점을 개혁해 대일교린체제를 정비하였다. 원중거 또한 18세기 후반 의미가 퇴색해 가던 통신사행의 문제점을 지적하면서 실용적이고 현실적인 대안으로서 통신사제개혁안을 제시하였다.

또 두 사람은 정형화된 화이관에서 벗어나 열린 자세로 일본을 객관적이고 실용적인 차원에서 이해하고자 하였다. 필자는 그들의 자세와 인식을 문화상대주의에 입각한 것이라고 생각한다. 문화상대주의란 일원적 가치관에 의한 상하, 내외의 계서적인 관념을 부정하고 각 나라의 문화적 독자성과 가치를 인정하는 사고이다. 주자학 일존주의의 이념 사회인 조선시대의 풍토에서 상대주의적 인식은 귀중한 것이며, 그 의의가 결코 작지 않다. 그런 점에서 필자는 두 사람 모두 조선시대에서 드물게 찾아볼 수 있는 '국제인'이라고 평가한다.

일본사행록을 중심으로 조선후기 일본에 관한 지식 생성과 축적의 과정을 정리해보면, 『해동제국기』와 『간양록』을 바탕으로 하면서 추가, 심화, 체계화되어 가는 과정이라고 할 수 있다. 그 정점을 이루는 것이 『화국지』이며, 이는 150여 년간의 통신사행을 통한 일본이해의 성과이다. 그것을 이어받아 보완한 것이 이덕무의 『청령국지』이다. 『화국지』와 『청령국지』는 조선후기 일본인식의 최고봉으로서 이 단계에 이르러 비로소 우리는 일본을 객관적으로 이해하며 충실성과 깊이를 담지한 '일본학'을 수립했다고 평가할 수 있을 것이다.

필자는 『화국지』와 『청령국지』에 대한 기초적인 연구와 함께 원중거와 이덕무의 일본인식을 고찰하면서 두 책을 명실상부한 '일본국지(日本國志)'로서 상당한 학문적 성취를 이룩한 일본연구서로 평가한 바 있다. 1989년 『조선후기 실학자의 일본관 연구』라는 연구서를 출간할 무렵, 실학자의 일본에 관한 연구와 인식에 대해 '일본학'의 성립이라고 보다 적극적으로 평가하려는 마음이 없지 않았다. 그러나 당시에는 『화국지』와 『청령국지』, 그리고 계미통신사행에서의 문화교류 실상에 관해 지금만큼 충실하게 연구되지 않았다. 일본문사에 의한 필담창화집에 대한 연구도 당시 국내에서는 거의 이루어지지 않았고, 원중거와 성대중이 수행한 일본사행 중의 문화교류, 그것이 조선에 전해져 북학파에 의해 중국과 연결된 점 등에 대해서도 연구가 진척되지 않았다. 그래서 주저하다가 결국 '일본학'의 성립이라는 결론을 내리지는 못하였다. 그 후 30년 동안 세부적 분야에 관한 실증적 연구가 많이 축적되었다. 『화국지』와 『청령국지』가 이룬 학문적 성과에 대해 박희병 교수를 필두로 '일본학의 성립'이라고 보는 주장들이 나오고 있다. 필자도 이러한 평가에 동의하면서 본서에서는 보다 다양한 관점에서 그러한 내용을 보완하려고 하였다.

마지막으로 본서를 통해 원중거와 『화국지』에 대해 정리할 기회를 주신 김태희 실학박물관 관장님께 깊이 감사드린다. 책의 편집과정에서 많은 도움을 주신 실학박물관 김명우 박사님, 경인문화사의 유지혜 씨께도 고마운 마음의 인사를 보낸다.

2020년 11월 20일
하 우 봉

차 례

서문 • 4

제1장 원중거의 생애와 통신사행

1. 원중거의 생애와 학문   14
2. 1763년 계미통신사행에 서기로 수행하다   23

제2장 계미통신사행의 문화교류 양상과 특징

1. 조선시대의 통신사   28
2. 통신사행의 문화교류와 의미   34
3. 계미통신사행의 문화교류   41
4. 계미통신사행 문화교류의 양상과 특징   49

제3장 『화국지』란 어떤 책인가?

1. 『화국지(和國志)』와 『승사록(乘槎錄)』, 『일동조아(日東藻雅)』   60
2. 『화국지』의 저술동기와 서술상의 특징   66
3. 『화국지』의 체재와 목차   71
4. 『화국지』의 내용   73
5. 『화국지』의 특징과 의의   74

제4장	원중거의 일본인식	
	1. 일본인과 민족에 대한 인식	80
	2. 일본의 정치와 사회에 관한 인식	86
	3. 문화교류와 일본문화에 관한 인식	105
	4. 역사인식과 대마도문제에 대한 대책	121
	5. 통신사행의 문제점에 대한 개혁안 제시	129
	6. 원중거의 일본인식의 특성과 의의	134

제5장	이덕무의 『청령국지』	
	1. 이덕무의 생애와 일본에 대한 관심	140
	2. 『청령국지』의 저술연대와 저술동기	148
	3. 『청령국지』의 내용과 참고자료	153
	4. 『청령국지』의 체재와 내용	157
	5. 『청령국지』의 특징과 사료적 성격	163
	6. 이덕무의 일본인식	166

제6장	원중거, 일본학을 수립하다	
	1. 18세기 후반 조선에서 일본학의 주춧돌을 놓다	170
	2. 원중거가 끼친 영향	176

제7장	병세의식과 동문의식, 그리고 '동아시아문예공화국'	
	1. 병세의식과 동문의식	194
	2. 동아시아 '문예공화국' 논의	205

참고문헌 • 213
찾아보기 • 217

일본인이 그려준 원중거의 초상화

제1장

원중거의 생애와
통신사행

1. 원중거의 생애와 학문

1) 생애

원중거(元重擧, 1719~1790)는 숙종 45년에 태어나 주로 영·정조대를 살다간 인물로서 호는 현천(玄川)·손암(遜庵)·물천(勿川), 자는 자재(子才)이며 본관은 원성(原城)이다. 그는 한미한 무인 집안의 서자 출신으로서 관리로 크게 현달한 인물도 아니고 평생을 처사적인 생활로 보낸 시인이었다. 그런데 그가 학계에 알려지게 된 계기는 일본사행록인『승사록(乘槎錄)』과『화국지(和國志)』가 발견되면서부터였다. 이 두 책은 사료적 가치가 아주 높으며, 저자인 원중거는 이른바 '연암일파(燕巖一派)'의 장로격으로 그들의 일본인식 형성에 큰 영향을 끼쳤다는 점이 밝혀져 주목의 대상이 되었다.

그러면 원중거는 어떠한 인물인가?

그의 가계를 보면 원성 원씨로서 고려말·조선초기에 걸쳐 크게 현달한 명문이었다. 특히 10대조 효연(孝然)은 세종조에 대사헌·관찰사·예조판서를 역임하면서 원성군(原城君)에 봉해지고 문정(文靖)이라는 시호를 받았으며 이때부터 원주에 세거하게 되었다. 본래는 문반이었으나 9대조 맹수(孟檖)가 무과에 급제해 훈련관사 첨중추의 관직을 지낸 이후부터 무가의 집안으로 바뀌게 되었던 것 같다. 이후로 점차 가문이 몰락의 길로 접어들어 4대조부터는 벼슬길에 나아가지 못했으며, 부친 태규(泰揆)에 이르러 겨우 진사시에 입격해 사직령(社稷令)을 지낸 정도로 한미해졌다.[1]

원중거

게다가 어느 대부터인지는 확실하지 않지만 원중거는 서자 출신이었던 것 같다. 그가 서출(庶出)인지의 여부는 족보상에는 확인되지 않지만 여러 가지 정황증거로 볼 때 확실하다고 여겨진다.[2] 그러한 추측의 근거를 들어보면 문무 간 명문으로서 왕실과도 인척관계를 맺었던 원주 원씨 안에서 원중거의 집안이 동당형제에 비해 가장 몰락한 점, 둘째 그의 아들 유진이 정조 20년(1796)에 규장각 검서관으로 발탁되었으며 서출인 이덕무의 여동생과 혼인한 사실, 셋째 그의 교우가 대부분 서자 출신의 문장가였고 그들의 대표자로서 존경을 받았던 점, 넷째 홍대용이 "현천 옹이 우리나라에 있을 적에 불우한 환경에 있었다."라고 말한 점,[3] 다섯째 계미통신사행에서 서기로 발탁된 점, 여섯째 사마시에 급제한 후 미관말직을 전전한 점 등에서 볼 때 서출이라고 보아 틀림이 없을 듯하다. 이는 조선후기 사회에서 관직이나 교유관계 등 외적 측면뿐만 아

---

1 『원주원씨족보』
2 이에 대해서는 오수경, 『연암그룹 연구』(한빛, 2003) 제4장 현천 원중거 참조.
3 『담헌서』 내집 권3 「日東漢雅跋」

니라 의식적인 부분까지를 규정하는 의미를 지니고 있다.

원중거의 어릴 때 행적을 보면, "무가의 집안에 태어났지만 홀로 경적을 탐독했으며 일찍부터 향리의 학교에서 이름을 날리었다."고 한다.[4] 그의 학맥과 사승관계는 불확실하지만 우선 가학(家學)을 생각할 수 있다. 부친 태규는 비록 사직령이라는 말직에 머물렀으나 문장과 행의가 훌륭하여 경종 원년(1721) 신임사화 때 노론계의 사람들이 그의 의론을 존중했다고 할 만큼 상당한 학문을 지닌 인물이었다.[5] 또 이 사실에서 태규의 학문적 성향은 이때 타격을 받았던 낙론계(洛論系)임을 짐작할 수 있다. 실제 그의 학문과 교유관계를 보면 노론 낙론계와 밀접하게 관련되어 있다.

원중거가 언제 서울로 옮겨 왔는지 불확실하지만 40대에 관계로 진출한 이후 그에게 많은 영향을 준 사람은 김용겸(金用謙, 1702~1789)이었다. 김용겸은 고조부가 김상헌, 조부가 김수항, 백부가 김창집으로 노론의 대표적인 가문 출신이다. 그의 가문은 경종대 신임사화로 화를 입었지만 영조대 후반기부터 사환의 길에 나섰고, 특히 정조의 총애를 받아 공조판서에 올랐다. 그는 이재(李縡)와 박필주(朴弼周)로 이어지는 낙론계의 학맥을 이었으며, 특히 예학과 악률에 밝았고 당시 노론계 젊은 지식인들의 영수로서 존경을 받았다. 당색과 학맥의 인연도 있고 해서 원중거는 17세 연상인 김용겸을 따랐으며, 김용겸 또한 원중거를 좋아

---

4 성해응, 『연경재전집』 본집 권1
5 『원주원씨족보』

해서 그의 인생에 큰 도움을 주었다.

　다음으로 원중거의 관력을 살펴보면, 영조 26년⁽¹⁷⁵⁰⁾ 32세 때 사마시에 급제한 이후 실직을 얻지 못하다가 40세가 지나 처음으로 장흥고 봉사(종8품)를 제수 받았다. 그 후 다시 야인으로 지내던 중 영조 39년⁽¹⁷⁶³, 공 45세⁾ 시재(詩才)를 인정받아 계미통신사행에 부사 이인배의 서기로 수행하였다. 이는 그의 일생에 주요한 전기가 되었으나 그것이 바로 관직으로 연결되지는 못하였다. 시속과 명리에 타협하지 않는 그의 기개와 신분적인 제약 등으로 천거해주는 사람이 없자 원중거는 성남의 외진 땅에서 나무를 팔아 생활하면서 문장 연마와 교육에 전념하였다. 당시 그의 꿈은 나무장사가 잘 되면 지평(砥平, 현 경기도 양평군 지제면)의 산중에 밭을 사서 처자식과 같이 농사를 지으며 사는 것이었다 한다.⁶ 양평군은 조선시대의 양주와 지평을 합친 이름이다. 지평은 요즈음 유명한 지평막걸리의 원산지이기도 할 성도로 물이 맑은 곳이었으며, 다산 정약용의 고향인 광주목의 마재(남양주시 조안면)와도 가깝고, 남양주의 석실마을에 있는 바 미호 김원행이 주도하면서 많은 인재를 배출한 석실서원과도 가까운 위치이다. 그 후 일본사행에서 돌아온 지 7년만인 1771년 송라찰방(종6품)에 임명되었으나 60일 만에 그만두었다. 송라찰방에서 해직된 후 벼슬길에 나아갈 희망이 없다고 본 원중거는 다시 지평의 물천협에 은거하면서 생도들을 가르치고 농사를 짓는

6　박제가, 『정유집』 권1 「送元玄川重擧序」

석실서원도

전원생활로 되돌아왔다.[7]

　그러나 정조대에 들어와서는 득의의 시절을 보내었다. 즉 정조 원년
(1776, 공 58세) 가을 공조참판 김용겸의 추천에 의해 장원서 주부(종6품)
를 제수 받았던 것이다. 이후 원중거는 내직에 머물면서 당시 조정의

7　성대중, 『청성집』 권8 「書金先達時和詩軸後」

신진기예들과 교류하였다. 원중거가 속했던 노론 청류로서의 연암일파는 정조의 지우를 받아 조정의 핵심그룹으로 성장하였다.[8] 이서구·남공철·서유구 등 소장파들이 대거 관계에 진출하였으며, 이덕무·유득공·박제가 등 서출들도 규장각 검서관으로 등용되는 등 정조대 학술과 편찬사업에 중심적인 역할을 맡았다. 정조 13년(1789, 공 71세) 6월에는 『해동읍지(海東邑誌)』 편찬에도 참여하였다. 이 작업은 이덕무·성대중·박제가·유득공·이만수·윤행임·이서구·이가환 등 당시의 기예들이 공동편찬하는 일이었는데, 원중거도 학식을 인정받아 참가하였다. 장원서 주부를 제수받은 이후의 관력이 기록상 명확하지 않지만 1786년 공조판서로 승진한 김용겸이 원중거가 주부로 있던 장원서에서 이덕무·유득공·박제가·성대중 등과 시회(詩會)를 자주 열었다는 사실, 또 정조 13년 『해동읍지』 편찬에 원중거가 참여했다는 사실, 이해 12월에 장용영에 나가 춘첩(春帖)을 지어 올린 사실 등으로 미루어 볼 때이 시기까지 장원서 주부의 직을 유지하였던 것 같다. 정조 14년(1790)에는 목천현감(종6품)에 제수되어 외직에 나갔는데, 이해 72세를 일기로 원중거는 생애를 마감하였다. 그런데 운명한 곳이 용문산 아래 물천협인 것으로 보아 목천현감을 오래 한 것 같지는 않다.[9]

원중거의 관력을 보면 한마디로 미관말직을 전전하였다고 할 수 있는데 그나마 오래 지속된 것도 아니었다. 나머지 기간은 경기도 지평의

---

8 유봉학, 「18~19세기 연암일파 북학사상의 연구」, 서울대 박사학위논문, 1992, 제3장.
9 『정유집』 권3 「輓元玄川重擧三首」

물천이나 성남에서 주경야독하는 처사 생활을 하였다. 서출이라는 신분상의 제약위에 성격상 관료생활에 맞지 않았으며 본인도 관직에 연연하지 않았다.

2) 교우관계

교우관계는 그가 서울로 올라온 이후 연암을 중심으로 하는 일군의 지식인들과의 교류가 대부분이었다. 위로는 김용겸과 유후(柳逅, 1692~1780)가 있었고, 연하로 특히 가깝게 지낸 사람으로는 이덕무·박제가·유득공·성대중을 들 수 있다. 이들은 모두 당색으로는 노론이고 주자성리학을 기본적으로 존숭하는 입장이었다. 한편 이덕무·유득공·박제가 등은 후기한시사가로 불릴 정도로 시문에 뛰어났으며 이용후생적인 실학에 관심을 지니고 있었다. 이 연암일파 안에서 원중거는 강개한 성품과 지사적인 면모를 지닌 실천적 주자학자로서, 또 신분적인 제약 등의 울분을 풍류와 소탈함으로 풀어버린 시인으로서 소장파 지식인들의 존경을 받았고 존장격의 위치를 차지하였다.

3) 학문적 성향

원중거의 학문적 성향은 『승사록』과 『화국지』 및 주변인물의 문집에 나타나는 바 철저한 정주학자로서의 면모와 이용후생학에 대한 관심을 들 수 있겠다.

원중거는 깐깐하고 명분을 중시하는 인물이었다. 사행 과정에서 여러 차례 문제 제기를 하여 자신의 주장을 관철시켰다. 사행 출발 전 부산에서 역관과 사문사의 갈등이 몇 차례 표면화되었는데, 원중거는 역관의 태도를 문제 삼으며 정사에게 문제제기를 하면서 불응 시에는 귀환하려고 하였다. 결국 조엄이 원중거의 의견을 수용하면서 일단락되었다. 사행과정에서도 쓰시마번의 인사들은 원중거의 명분지향적이고 원칙적인 주장과 태도에 대해 매우 힘들어하고 불편해하였다.[10] 철저한 정주학자로서의 면모는 일본사행에서 유감없이 발휘되었다. 즉, 원중거는 부산을 출발할 당시 동행한 서기 성대중과 김인겸에게 이번 사행에서 일본인들을 정주학(程朱學)으로 교도할 결심이라고 하며 시문보다도 경학을 주로 논의할 생각이라고 밝혔다. 성대중과 김인겸이 그 말은 바르고 큰 뜻이지만 우리의 역할이 창수(唱酬)이지 강학(講學)이 아니라고 하자, 원중거는 정주(程朱)를 배척하는 무리와는 창수도 하지 않을 것이라고 하였다.[11] 그런데 원중거의 사행 당시 일본에서는 오규 소라이(荻生徂徠)의 고문사학(古文辭學)이 풍미하고 있었고, 자신이 만난 대다수의 일본 유학자와 문사들이 그의 문도임을 알고 치열하게 논쟁을 하였다. 그래서 원중거는 시문창수와 필담 시 반드시 정주학을 이야기하고 『소학(小學)』을 들었다. 원중거가 워낙 고학을 비판하고 정주학을 강조하자 오사카에서 합류한 호행문사 나바 시소(那波師曾)는 그 후 오규소라이를 내세우며 정주학을 비방하는 자는 원중거와 만나지 못하도록 했을 정도였다. 에도(江戶)에서 태학두(太學頭) 하야시 노부히코(林信

10 김경숙, 「현천 원중거의 대마도인식과 그 의미」, 『국어국문학』 140, 2004.
11 『승사록』 권2 갑신년 3월 10일조

彦)를 만난 원중거는 이단설을 금하고 정주학서를 간행 보급할 것을 간곡히 권유하였다. 그의 일본에서의 행적을 보면 '정주학의 전도사'라고 해도 과언이 아니었다. 또 원중거가 말년에 『주자대전』을 읽고 시를 짓기를, "차와 밥같이 중요한 주자의 설은 정밀하면서도 익었는데 제자(諸子)의 설은 겨와 쭉정이 같아 많이 걸러야 했네."라고 한 점으로 보아 주자에 대한 존숭은 일생동안 지속되었음을 알 수 있다.[12]

다음으로 일본사행 시의 기록을 보면 주자학에 관한 뚜렷한 입장과 함께 명물도수학(名物度數學)과 이용후생학(利用厚生學)에 대한 깊은 관심을 찾아볼 수 있다. 특히 이러한 면모는 『화국지』에 약여하다.

이와 같은 그의 학문적 성향이 언제 형성되었는지는 모르지만 사행을 전후한 그의 교우관계를 보면 대체로 짐작할 수 있다. 그가 교류한 연암 일파의 소장학자들은 대부분 북학론은 제창하면서 이용후생의 실학이나 고증학적 학풍을 강조하였는데, 원중거는 이들과 교류하면서 이러한 학풍을 수용하였을 것이다. 주자성리학을 존신하면서 이용후생학에 관심이 깊다는 것이 일견 모순되어 보일지 모르지만 당시 노론 낙론계를 주도하였던 김원행의 석실서원학파는 성리학 외에 상수학에도 독보적인 경지를 개척해 나가고 있었다. 이 석실서원파는 김용겸·홍대용·황윤석 등과 밀접한 관계가 있는데, 원중거가 이 학풍의 영향을 받았을 것임은 이들과의 교류와 당색, 학맥 등으로 볼 때 충분히 상상할 수 있다.

---

12 이덕무, 『청비록』 권4 「玄川翁詠朱子」

2. 1763년 계미통신사행에 서기로 수행하다

조선후기의 대일통신사는 일본과의 선린관계를 상징하는 외교사절로서 모두 12차례 행해졌다. 통신사행은 평균 470여 명에 달하는 대규모 사절단으로 서울을 출발해서 돌아오기까지 대개 8개월에서 1년까지 걸리는 거대한 외교행사였다.

원중거가 수행하였던 영조 39년(1763)의 계미통신사행은 조선후기 11번째의 사절로서 에도까지 간 마지막 사행이었다. 이후는 양국 모두 통신사행의 의미에 대해 평가절하해 연기를 거듭하다가 결국 순조 11년(1811) 대마도에서 역지통신(易地通信)을 하게 되기에 이르렀고, 그 사행을 마지막으로 통신사행은 종말을 고하게 되었다. 계미통신사행은 이외에도 당초 삼사(三使)로 내정되었던 서명응 일행이 교체되었고, 사행 도중 오사카에서 도훈도 최천종이 대마도 통사에게 살해되는 등 전례 없는 일들이 일어났다. 한편 사행 중 문화교류는 활발하였고, 사행 후 남긴 일본사행록은 모두 14편으로 가장 많았고 질적인 면에서도 우수하였다. 특히 제술관과 서기 등 이른바 사문사(四文士)가 모두 사행록을 저술하였는 바, 이들이 일본문사들과 나눈 필담창화의 실상에 대해서 상세한 기록을 남기고 있다. 체재면에서도 한글가사체로 된 김인겸의 『일동장유가』와 일본국지적인 성격을 지닌 원중거의 『화국지』 등 뛰어난 작품들이 나왔다. 또 이 당시에는 1748년 무진통신사행의 정사 홍계희에 의해 기왕의 사행록을 편집한 '해행총재(海行摠載)'가 만들어졌다. 그것을 서명응이 번등하여 '식파록(息波錄)'이라고 하였으며 교체

통신사행렬도

正使 　　 副使 　　 從事官

조엄 　　　 이인배 　　　 김상익

되면서 조엄에게 인계하였는데 61편의 사행록이 수집되었다. 이러한 작업이 이 시기에 이루어졌다는 점도 주목할 만한 사실이며, 이는 '조선의 일본이해의 성숙'이라고 볼 수 있는 측면들이다.

이 사행에는 본래 1년 전에 내정된 삼사(정사 서명응·부사 엄린·종사관 이득배)가 모종의 사건에 연좌되어 출발하기 보름 전에 갑자기 조엄·이인배·김상익으로 교체되었다. 원중거는 1762년 11월 부사 엄린(嚴璘)에 의해 부름을 받아 서기로 선발되었는데 여기에는 이수봉과 유후의 추천이 있었다고 한다. 당초 그는 엄린과 면식도 없고 막중한 서기의 임무를 맡을 수 없다고 극구 사양했으나, 엄린의 성의와 붕우들의 권유하는 바가 지극하여 결국 수락했다고 하였다.[13] 삼사의 교체에 따라 각 방 소속 수행원들의 변동이 예상되었으나 영조의 명에 의해 삼사 이외의 나머지 원역들은 모두 처음 선발된 대로 하였다. 이리하여 원중거는

13 『승사록』 권1 계미년 7월 24일조

부사 이인배(李仁培)의 서기로 수행하게 되었다.

　통신사행의 원역 가운데 일본 측 문사들과의 필담창화를 담당하는 네 사람을 사문사(四文士)라고 하는데, 원중거 외의 나머지 세 사람은 제술관에 남옥(南玉), 일방 서기 성대중(成大中), 삼방 서기 김인겸(金仁謙)이었다. 사행 출발 전 삼사와 제술관, 세 서기 등은 7월 24일 영조를 인견하였다. 영조는 사문사에게 시제를 주어 시험해 본 후 "너희들은 오로지 문자로써 나라에 욕되지 않도록 하고 돌아오라."고 하교하였다.[14]

　통신사행원에 선발된 원중거는 이를 몹시 영광스럽게 생각하였다. 자신의 말처럼 미천한 몸으로 임금을 두 번이나 인견하는 영광을 입어 감격의 눈물을 흘렸다고 고백하였다.[15] 또 사행에 대비해 출발 전 이전 사행록들을 분문초록(分門抄錄)하여 신행편람(信行便覽)을 만드는 등 치밀하게 준비하였다.[16] 원중거는 사행 시 일본문사들과 창화한 시가 천여 수에 달하였다고 하며, 이 사행을 계기로 이름이 일본은 물론 국내에서도 알려지게 되었다.

14 『승사록』 권1 계미년 7월 24일조
15 『승사록』 권4 갑신년 7월 8일조
16 『승사록』 권1 계미년 12월 18일조

제2장

계미통신사행의
문화교류 양상과 특징

1. 조선시대의 통신사

조선왕조 건국 후 태조 이성계는 8세기 후반 이래 600여 년 간에 걸친 일본과의 국교 단절 상태를 청산하고 일본의 무로마치막부(室町幕府)와 통교를 재개하였다. 조선은 1401년에, 일본의 무로마치막부는 1403년에 명을 중심으로 하는 동아시아의 책봉체제(冊封體制)에 함께 편입함으로써 수교를 위한 발판을 마련하였다. 이어 1404년 아시카가 요시미쓰(足利義滿)가 '국서(國書)'를 지참한 '일본국왕사'를 조선에 파견하고, 조선정부가 이를 접수함으로써 양국 간에 정식으로 국교가 체결되었다.

그 후 양국은 중앙정부 간에 사절을 교환하였는데 일본의 막부에서 조선으로 보낸 사절을 '일본국왕사(日本國王使)'라고 불렀고, 조선에서 일본 막부에 보낸 사절을 '통신사(通信使)'라 하였다. 통신이라는 말은 '신의로써 통한다'는 의미이고, 통신사는 외교의례상 대등국 간에 파견하는 사절을 가리킨다.

조선전기 일본 무로마치막부 쇼군(將軍) 앞으로 파견된 사절은 모두 18회에 이른다. 그 가운데 조선전기 무로마치막부에 통신사 명의로 파견된 사절은 모두 6회였다. 그 중에서도 교토(京都)까지 가서 사명을 완수한 것은 세종 11년(1429)의 박서생(朴瑞生), 세종 21년(1439)의 고득종(高得宗), 세종 25년(1443)의 변효문(卞孝文) 등 세종대의 3회뿐이었다. 도

조선 국왕의 국서

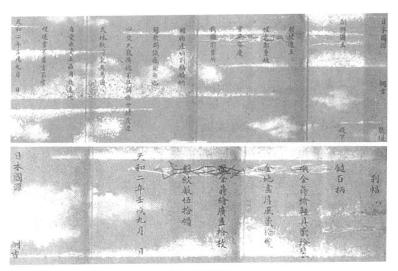

막부 장군의 국서

요토미 히데요시(豊臣秀吉) 정권에 파견한 통신사는 임진왜란 직전인 선조 23년(1590)의 통신사(정사 황윤길)와 전란 중의 강화교섭 사절(정사 황신)을 합쳐 2회였다. 이와 같이 조선전기의 통신사는 교류의 시기도 짧았고, 사행의 형태도 일정하지 않았다.

후지산(富士山)

통신사행이 정례화하고 의례상 체계화되는 것은 조선후기에 들어와서이다. 이 시기에는 도쿠가와막부(德川幕府)에 12회의 사절을 파견하였다. 그 가운데 임진왜란 후 국교재개기에 파견된 세 차례 사절단의 명칭은 회답겸쇄환사(回答兼刷還使)로서 인조 14년(1636)부터 정례화된 아홉 차례의 통신사와는 구별된다. 그러나 양자는 모두 국서를 지참한 국왕사절단이라는 점, 원역의 구성과 사행노정 등 유사한 점이 많기 때문에 보통 합쳐서 12회의 통신사로 인정하고 있다.

조선후기의 한일관계는 중앙정부 간 상징적 외교행위로서의 국서교환과 부산의 왜관에서 행해지는 대마도와의 통상무역으로 나누어 볼 수 있다. 외교사절적 측면에서 보면 전자는 조선 정부에서 일본의 도쿠가와막부로 파견되는 통신사가 있고, 후자에는 실무적인 일을 대마도주와 처리하는 문위행(問慰行)이 있었다. 이와 같이 조선후기의 대부분의 기간은 중앙정부 간의 통신사 외교와 대마도와의 실무외교라는 이원적인 형태로 진행되었다. 그런데 그 중에서도 가장 중요한 의의를 지니는 것은 역시 중앙정부 간의 외교사절이었던 통신사라고 할 수 있다. 일본 막부의 사절이 없어졌기 때문에 통신사행이 지니는 의미는 더 커질 수밖에 없었다.

도쿠가와막부는 1630년대 말엽에 이르러 강력한 해금체제(海禁體制)를 확립하였지만 외국을 향해 두 종류의 창구를 열어 놓았다. 즉 '통신(通信)의 나라'라고 하여 정치적으로 교류를 하는 나라와, '통상(通商)의 나라'라고 하여 경제적인 교역을 허용한 나라를 설정하였던 것이다. '통상의 나라'는 중국과 네덜란드 두 나라였고, '통신의 나라'는 조선이 유일한 국가였다. 이런 만큼 조선에서 오는 통신사는 일본의 국제관계에서 차지하는 비중이 아주 컸으며, 동시에 그것은 외국문물을 전해주는 중요한 통로이기도 하였다.

조선후기 통신사행의 파견은 양국의 국내정치적 동기와 국제정치적 상황의 산물이었다. 그러나 17세기 중반 이후 중국에서는 청(淸)이 정치적 안정을 되찾고, 조·일 간에도 평화가 정착되자 통신사행이 지니는 본래의 정치적 의미는 점차 줄어들게 되었다. 따라서 통신사행은 양국 간의 절실한 외교현안을 해결하는 등의 긴박성이 없어지고 형식화·의례화되었다. 대신 문화교류라는 부수적인 기능이 부상하였다. 통신사행원들의 문화교류 활동은 효종 6년(1655) 을미통신사행 때부터 시작되어 숙종 8년(1682)의 임술통신사행 이래에는 아주 활발해졌다. 조선정부는 당초 병자호란을 당하는 극도의 어려움 속에서 남쪽 변경의 평화

통신사 국서 전달도

를 확보할 목적으로 통신사를 파견하였지만 명분상으로는 '교화를 통한 평화 유지'를 내세우면서 문화사절단으로서의 의미를 부여하였다. 그런 만큼 통신사행에는 제술관·서기·양의(良醫)·화원(畫員)·사자관(寫字官)·악대 등 문화교류를 담당하는 인원들이 다수 편제되었다.

쇄국체제하의 일본에서는 외래문화를 접할 기회가 제한되었던 만큼 통신사의 방일에 대한 기대는 학자·문화인을 비롯하여 민중에 이르기까지 이상하리만치 컸다. 통신사 일행이 입국하면 각 번(藩)의 유학자들과 승려, 문화인들이 몰려들어 그들과 대화를 나누기 원하였다. 통신사행 일행이 통과하는 지역은 물론이고 그렇지 않은 번에서도 유관(儒官)과 문인을 파견하여 문화를 흡수하도록 장려하였다.

통신사행은 양국 중앙정부 간의 외교의례행사이고 지배층 간의 교

입강호(入江戸)

마상휘호도

류가 중심이었지만 거기에 그치는 것이 아니었다. 그 교류는 민간인들도 다 참여한 일대 문화행사이기도 하였다. 현재 전해지는 각종 통신사 행렬도를 보면 당시 일본의 서민들이 통신사의 행렬을 보기 위해 연도에 가득 몰려나와 구경하는 모습을 볼 수 있다. 오늘날까지도 통신사가

지나간 지역에서는 통신사와 관계있는 문화행사나 무용 등이 남아 있는데 이것은 통신사행이 일본의 지식인뿐만 아니라 민중에게 끼친 영향을 잘 보여주는 것이다. 통신사행을 통한 이상과 같은 문화교류는 한문학과 유학뿐만 아니라 그림·글씨·의학 분야까지 포함하여 근세 일본문화의 발전에 상당한 영향을 주었다. 1811년 대마도역지통신을 마지막으로 통신사행이 폐지된 이후 양국관계는 소원해지고 정보의 불통에 따른 오해와 상호인식의 갭이 커지며 결국 분쟁과 침략으로 가는 역사가 전개되었다. 이 점에서는 조선전기의 경우도 마찬가지라고 할 수 있다. 이로 보아 통신사행이 지니는 역할과 의의가 얼마나 중요하였는가를 알 수 있다.

2. 통신사행의 문화교류와 의미

1) 통신사 수행원의 활동

가) 사문사의 필담창화

사문사(四文士)란 제술관과 서기 3인을 통칭해 부르는 용어이다. 이들 4문사는 신분적으로 거의 대부분 서얼 출신이었음에도 불구하고 통신사행 내의 위상을 보면 매우 중시되었다. 통신사 수행원은 신분과 직위에 따라 삼사, 상상관, 상관, 중관, 차관, 하관으로 구분된다.[1] 이 가운

---

1 『증정교린지』 권5 「通信使行」

데 문화교류를 담당하는 원역들은 대부분 '상관'에 속하였다. 상관에는 상통사 3인, 제술관 1인, 양의 1인, 차상통사 2인, 압물관 4인, 사자관 2인, 의원 2인, 화원 1인, 자제군관 5인, 군관 12인, 서기 3인, 별파진 2인 등이 포함되어 있다. 상관의 위로는 삼사 3인과 상상관에 3인의 당상역관이 있을 뿐이다. 그런데 제술관과 양의의 경우 일본에서는 상상관의 기준에 따라 접대하였으므로 규정보다 더 중시했음을 알 수 있다. 문화교류를 담당하는 원역들이 자제군관과 동급이거나 그보다 상위의 접대를 받았다는 사실은 신분에 관계없이 그들의 역할을 매우 중시했음을 보여준다. 또 제술관과 서기의 임명은 1682년부터 국왕의 재가를 받아야 하는 사항이었다. 그만큼 문화교류를 중시하였음을 보여준다. 통신사행이 궁궐을 떠나며 국왕을 알현하는 사폐식(辭陛式)에도 제술관은 삼사와 함께 참여하였다.

유학을 비롯해 다양한 주제를 대상으로 한 필담(筆談)과 한시의 창화(唱和)로 이루어지는 필담창화는 통신사행의 문화교류 활동 중에서도 하이라이트라고 할 만하다. 필담창화에 대한 일본인들의 호응도 대단하여 4문사들은 각자 천 수 이상의 시를 지어야 했다.

일본의 문사들은 통신사행원과의 필담창화를 자신의 문재를 과시하는 기회로 삼았다. 일본의 문사들은 삼사를 비롯한 통신사행원들에게 자신들의 시문집에 서문과 발문을 요청하였고, 시문창화를 통해 이름을 날리기를 원하였다. 대표적인 사례가 하야시 라잔(林羅山)과 아라이 하쿠세키(新井白石)이다. 하쿠세키는 무명시절에 1682년 임술통신사행의 제술관 성완(成琬)에게 자신의 시집인 『도정집(陶情集)』의 서문을 요청해 받았고, 그와 창화하여 이름이 알려졌다. 이를 계기로 하쿠세키는 키노시타 준앙(木下順庵)의 문하에 들어가게 되었고 이후 스승의 추천을 받아 막부의 시강(侍講)으로 등용되었다. 그들은 통신사행원과 창화하면 그 내용을 대부분 필담창화집으로 간행하였다.

이러한 양상에 대해서 일본의 외교사료집인 『통항일람(通航一覽)』에는 "생각하건대 사절이 내빙할 때마다 반드시 필담창화가 있었는데, 1682년과 1711년부터 더욱 활발해졌다. 그런 까닭으로 그것을 수록한 서책의 종류가 백 수십 권에 이른다."고 하였다.[2]

나) 화원의 활동

수행화원의 활동으로서는 ① 일본지도의 모사(模寫), ② 수차(水車)와 주교(舟橋) 등 기술제작도 묘사, ③ 주요지역과 사행로의 명승(名勝) 묘사, ④ 일본화가와의 교류 등이 있다.

1748년 무진통신사행의 경우를 보면, 오사카에서 수행화원과 일본화가 사이에 화회(畵會)가 이루어지고, 교토에서는 숙소인 혼고쿠지(本國寺)에서 지역문인들과 필담창화가 있었다. 또 에도에서는 화원들이 막부 장군 앞에서 휘호하고, 막부의 어용화가인 카노파(狩野派)의 일급화가들과 교류하였다. 화회는 회화 교류의 실질적인 교류와 발전을 가져올 수 있는 의미있는 행사였다. 1748년 무진통신사행 때의 이성린(李聖麟)과 오사카의 오오카 슌보쿠(大岡春卜)와의 교류는 유명한 사례이다.

---

2 林煒, 『通航一覽』108卷

17세기 중반 이후부터 18세기 말까지 이루어지는 통신사 수행화원의 활동은 한일회화교류사에서 중요한 비중을 차지하고 있다.

다) 의원의 활동

임진왜란 이후 일본에서는 『동의보감(東醫寶鑑)』, 『의방유취(醫方類聚)』를 비롯한 조선의 의학서를 구입하고자 했으며 수십 종에 달하는 약종(藥種)을 요청하였다. 『변례집요(邊例集要)』를 보면 1660년부터 1690년 사이에 쓰시마번이 『동의보감』을 5차례 구청했다는 기사가 나온다. 8대 장군 도쿠가와 요시무네(德川吉宗)는 1724년 『관각 증정 동의보감(官刻訂正東醫寶鑑)』을 간행하였다. 18세기 중반 네덜란드 의학이 전해지기 전까지 조선의학은 일본의 의학 발전에 큰 영향을 끼쳤다.[3] 이러한 배경 속에서 통신사수행원으로 내방한 조선의 의원들로부터 선진의료기술을 전수받으려는 노력이 이어졌다. 따라서 에도와 오사카뿐 아니라 연로의 각지에서 의학문답이 활발하게 이루어졌다.

의원의 역할로는 ① 통신사행원의 치료 ② 일본인 치료 ③ 일본인 의사들과 나누는 의학문답이 있다. 특히 의학문답은 양의(良醫)가 주로

동의보감
(국립중앙도서관 소장)

3 田代和生, 『江戸時代 朝鮮藥材調査の研究』, 慶應大學出版會, 1999.

담당하였다. 통신사행의 의학교류에 관한 필담집은 21종 43책에 달한다.[4]

2) 일본문물의 전래

한편 통신사행은 일본문화가 조선으로 유입되는 통로가 되었다. 통신사행원들은 일본에 다녀와서 사행 중의 체험과 견문을 적은 일본사행록[5]을 저술하였다. 현재 40여 종의 사행록이 전하고 있는데, 이것들은 기행문학으로서의 가치뿐만 아니라 당시 일본의 사회상과 문화를 조선에 알리는 데 중요한 역할을 하였다. 사행원들의 일본사행록은 귀중한 일본사회 정보서이자 문화견문록이었다. 통신사행원들이 가져온 일본물품과 견문록은 당시 상대적으로 개방적인 세계관을 소유하고 있었던 일부 실학자들에게 학문적 호기심의 대상이 되었다. 특히 이익(李瀷, 1681~1763)을 중심으로 하는 남인계 실학파의 학자들은 일본에 대한 연구를 주도하면서 새로운 일본인식을 제창하였다.

가) 일본 서적의 유입

통신사행을 통해 전래된 물품으로 가장 가치가 높은 것은 일본의 서적이다. 그런데 통신사의 경우 부경사(赴京使)처럼 서적 구입을 임무로 하는 원역은 없었고, 대부분은 사행 중 일본 문사로부터 기증받거나 개

---

4 차웅석, 「18세기 조선통신사를 통한 한일 의학문화교류」, 『동의생리병리학회지』 20권 6호, 2006.

5 이들 사행록의 명칭과 소장처에 관해서는 하우봉, 「새로 발견된 일본사행록들 ― 『海行摠載』의 보충과 관련하여」(『역사학보』 112집, 1986)와 이원식, 『조선통신사』(1991, 민음사) 참조.

인적인 관심으로 구입하였다. 따라서 귀국 후 조정에 제출하지는 않았고, 지인들 사이에 돌려보는 정도였던 것으로 보인다. 일본이 조선의 유학서적, 의학서, 사서(史書) 등을 의욕적으로 구입해 국내에서 간행한 것과는 달리 조선은 일본문화의 수입에 적극적이지 않았다. 이러한 양상은 18세기 중반까지 지속되었다. 그런데 18세기 중반 이후로 가면 일본의 유학과 한문학의 발전에 따른 일본 문사들의 자부심과 함께 사행중의 논쟁이 가열됨에 따라 통신사행원들의 호기심도 강해졌다.

조선에 전래된 일본서적을 보면 18세기 초반부터 고학파 유학자들의 저술 13종을 비롯해 상당수의 서적이 들어왔다. 19세기 초반에는 유학서, 사서, 문집, 시집, 창화록, 지리지, 유서 등 24종의 서적이 국내에 들어왔음이 확인된다.[6]

나) 일본 고학(古學)의 전래

일본에서 유입된 것 가운데서도 문화적으로 중요한 의미를 지니는 것은 일본 고학파 유학의 전래이다. 에도시대 초기 조선성리학의 수용이 근세일본의 형성과 발전에 큰 영향을 끼친 것과 마찬가지로 18세기 후반 조선 실학자들의 일본고학 연구는 동아시아 문화교류사상에서도 큰 의미를 지니는 것이다.

일본 고학파 유학자들의 서적을 읽고 논평한 인물은 통신사행원들이었다. 1719년 기해통신사행의 제술관 신유한, 1748년 무진통사행의

---

6 하우봉, 『조선후기 실학자의 일본관 연구』, 일지사, 1989 제3장 참조.

부사 조명채와 서기 유후, 자제군관 홍경해, 1763년 계미통신사행의 정사 조엄과 제술관 남옥, 서기 원중거와 성대중이 그들이다. 그런데 통신사행원들은 거의 대부분 일본 유학의 수준을 낮게 보았고, 당시 일본에서 발전했던 양명학이나 고학에 대해서는 비판적이었다. 신유한과 조엄의 평가가 대표적인 사례이다. 그러나 당시 일본 학술계에 큰 영향력을 지니면서 일본 각지에서의 필담창화 시 항상 주제로 나오는 고학에 대해 호기심을 가졌다. 그래서 고학파 유학자들의 저술이나 문집을 구해오기도 했으나 진지한 관심을 가지고 연구하지는 않았다. 단지 고학파의 경전 해석이 주자를 비판하고 성리설을 부정한다는 점에 주목하여 이단으로 규정하였을 뿐이었다.[7]

그런데 상대적으로 개방적 세계관을 지녔던 실학자들은 학문적 호

다자이 슌다이(太宰春臺)

기심을 가지고 접근하였다. 남인계 실학파인 안정복은 이토 진사이(伊藤仁齋)의 『동자문(童子問)』을 보고, "바다 가운데 오랑캐의 나라에서 이같은 학문인이 있었다니 뜻밖이다."라고 논평하였다. 북학파 실학자인 이덕무는 이토 진사이의 『동자문』과 오규 소라이(荻生徂徠)의 시문집, 다자이 슌다이(太宰春臺)의 글을 보았다. 그는 그들의 성리학설에 대해

---

7 하우봉, 「통신사행원의 일본고학에 대한 인식」, 『일본사상』 8, 2005.

서는 비판하였지만, 그들의 문장이나 고증학적 방법론에 대해서는 긍정적으로 평가하였다.[8]

일본의 고학파 유학에 대해 본격적으로 연구한 학자는 정약용이었다. 그는 강진에 유배된 후 경학을 연구하던 중 다자이 슌다이의『논어고훈외전(論語古訓外傳)』을 보았으며 고학파 유학자들의 경전 주석에 대해 공감하게 되었다. 그래서 그는『논어고금주(論語古今注)』에서 고학파 유학자들의 주석을 인용 소개하였다. 이는 다산의 개방적 세계관과 투철한 학문정신의 산물이기도 하지만, 동시에 일본 고학파 유학의 발전상을 반영하는 현상이라고도 볼 수 있다.

3. 계미통신사행의 문화교류

1) 계미통신사행과 사문사

1763년의 계미통신사행은 조선후기 11번째의 사절로서 에도(江戶)까지 간 마지막 사행이었다. 이후는 양국 모두 연기를 거듭하다가 결국 1811년(순조 11) 대마도에서 역지통신을 하기에 이르렀고, 그 사행을 마지막으로 통신사행은 종언을 고하였다. 계미통신사행의 노정을 보면, 1763년 8월 3일 한양을 출발해 1764년 7월 8일 귀환해 복명하였다. 도합 11개월이 소요된 긴 여정이었고, 일본에서의 체류기간이 8개

---

8 하우봉, 「조선후기 실학자들의 일본관련 문헌정리와 고학 이해」,『한국실학과 동아시아세계』, 경기문화재단, 2004.

남옥   원중거   김인겸

월 반이었다.

　계미통신사행에서 사문사는 제술관에 남옥, 1방 서기 성대중, 2방 서기 원중거, 3방 서기 김인겸으로 구성되었다. 사행 출발 전 삼사와 제술관, 세 서기 등은 7월 24일 영조를 인견하였다. 영조는 사문사에게 시제를 주어 시험해본 후 하교하기를 "너희들은 오로지 문자로써 나라에 욕되지 않도록 하고 돌아오라."고 하였다.[9] 조선에서는 대일통신사행을 문화적 교화의 일환이라고 하는 명분론에 입각하여 파견하였던 만큼 문화교류를 아주 중시했지만 임금이 이렇게까지 관심을 보인 것은 이례적이라고 할 만하였다.[10] 영조는 귀국해 복명할 때도 사문사들에게 필담창화한 바를 물어보고 치하하였다.

---

9 『승사록』 권1 계미년 7월 24일조
10 조엄, 『海槎日記』「筵話」

계미통신사행은 외교의례가 가장 정례화된 형태로 안정적으로 이루어졌고, 문화교류 또한 가장 활발하였다. 인원은 사행록 등 기록에 따라 475명에서 486명까지로 약간의 차이가 있는데, 480명 전후로 볼 수 있겠다.

사문사를 비롯한 통신사행원들은 대마도에서 에도까지 도합 22개 주를 거치며 각지에서 필담창화를 하였다. 그 결과물로 통신사행원이 일본사행록은 모두 14종으로 가장 많았고, 일본에서 저술된 필담창화집도 43종에 달하였다.

2) 계미통신사행 시의 일본사행록과 필담창화집

가) 일본사행록의 양상

조선시대의 통신사행 연구 내지 한일관계사 연구에 있어 일본을 직접 견문한 통신사일행의 일본사행록이 1차 사료임은 두말할 필요가 없을 것이다. 일본사행록은 특정한 직책을 맡은 사람이 쓰는 공식적인 보고서가 아니고 개인적인 동기에 의해 사적으로 쓴 기행록의 일종이다. 따라서 통신사행원 중 누구라도 쓸 수 있었으므로 저자의 직책이 다양하였다. 시기적 경향을 보면 초기일수록 삼사의 사행록 중심인 데 비해 후기로 올수록 저자가 다양해진다. 예컨대 제술관이 지은 사행록은 1719년부터, 서기의 사행록은 1763년부터 나오는데, 이것은 통신사의 임무 중 문화교류의 역할이 커지는 사실과 비례하여 흥미롭다. 또 후기로 올수록 저자의 다양성과 함께 사행록의 숫자도 많아지는데, 1763년 계미통신사행의 경우 14편이나 된다.

서술주체별로 분류해 볼 때 내용의 특징적인 경향이 엿보이기도 한다. 삼사(三使)가 쓴 사행록은 예외가 있긴 하지만 대체로 체재 면에서 갖추어져 있고, 내용도 일본의 국정과 사회에 대한 깊은 관찰과 견문한 바를 서술하여 사행의 목적을 충실히 반영하고 있다. 제술관과 서기의 사행록은 대개 조선후기의 통신사행이 안정되고 문화교류도 본격화한 18세기에 들어온 뒤에 저술되었다. 그들이 일류의 문사들이었던 만큼 체재나 내용면에서 가장 풍부하고 뛰어난 것이 많다. 문견록도 상세하고 특히 일본인과의 문화교류 기사나 일본의 문화에 대한 서술이 많다. 신유한의 『해유록(海遊錄)』, 남옥의 『일관기(日觀記)』, 원중거의 『승사록』·『화국지』 등이 대표적인 예이다.

계미사행에서 저술된 사행록을 살펴보면 다음과 같다.

① 조엄(정사)의 『해사일기(海槎日記)』 : 사행일기 형태로 내용이 충실한 명사행록으로 평가받고 있다.

② 남옥(제술관)의 『일관기(日觀記)』 : 사행일기와 창수에 관한 기록으로 범례가 가장 자세하고 문견록인 '총기(總記)'도 33개 항목으로 충실하며, '창수제인(唱酬諸人)' 498명의 명단은 매우 귀중한 자료이다. 통신사행의 필담창화와 문화교류 연구에 가장 세밀하고 풍부한 자료이며, 체재면에서 가장 완비되고 내용면에서도 매우 충실한 사행록이다.

③ 남옥의 『일관창수(日觀唱酬)』 : 사행 시 일본 문사들에게 화운해준 시를 모은 것이다. 상권에 636수, 하권에 513수를 수록하고 있다.

④ 남옥의 『일관시초(日觀詩草)』 : 사행 시 자신의 여정을 시로 지은 것으로

1,146수가 수록되어 있다.

⑤ 성대중(서기)의 『일본록』: 상권은 사행일기인 '사상기(槎上記)', 하권은 문견록인 '일본록'으로 구성되어 있다.

⑥ 원중거(서기)의 『승사록』: 사행일기이지만 문화교류에 대한 내용이 충실하다.

⑦ 원중거의 『화국지』: 문견록에 해당하며, 일본국지로서의 성격을 지니고 있다.

⑧ 원중거의 『일동조아』: 현재 전하지 않지만 일본문사와의 창수시와 증별시를 묶어 편집한 것으로 추정된다.

⑨ 김인겸(서기)의 『동사록(東槎錄)』: 한문으로 된 산문 일기로 『일동장유가』와 짝을 이룬다.

⑩ 김인겸의 『일동장유가』: 8,243구의 한글가사로 서술된 최초의 사행록이다. 양자 모두 사행일기인데, 『동사록』을 먼저 짓고, 이것을 가족과 지인들에게 쉽게 전달할 목적으로 한글가사로 바꿔 지은 것으로 여겨진다.[11]

⑪ 민혜수(명무군관)의 『사록(槎錄)』: 사행일기이다.

⑫ 오대령(한학상통사)의 『동사일기(東槎日記)』: '계미사행일기' 혹은 '명사록(溟槎錄)'이란 표제가 붙어있기도 하며, 사행일기와 문견록으로 구성되어 있다. 역관답게 실무적인 진행을 상세히 기록했는데, 13차례의 중국사행 경험을 지닌 63세의 고령으로서 중국사행과 비교하면서 서술한 점이 특색이다.

⑬ 변탁(제2기선장)의 『계미수사록(癸未隨槎錄)』: 기선장의 항해일지라고 볼 수 있는데 항해와 관련된 내용을 상술한 희귀 자료이다. 선박의 건조과정과

---

11 김인겸은 『일동장유가』의 저술동기가 '파적(破寂)' 즉 소일거리를 위해 지었다고 밝혔다. 『동사록』과 수록일자와 내용이 거의 일치하는데, 『일동장유가』에는 자신의 개인적인 느낌과 감정을 보다 솔직하게 드러내고 있다.

구조 등이 상세히 기술되어 있다.[12] 사행일기 부분인 '계미수사총록'은 672구의 4언율시 형식으로 기술했다.

⑭『해행일기(海行日記)』 : 작자미상인데, 내용으로 보아 서유대가 조엄의 『해사일기』를 초록한 것으로 추정된다.[13]

계미통신사행에서 저술된 사행록을 통해 몇 가지 변화된 양상을 확인할 수 있다.

첫째, 저술주체의 다변화이다. 삼사와 역관, 제술관, 서기뿐만 아니라 군관, 기선장도 사행록을 저술하였다. 특히 제술관과 서기 등 사문사가 모두 사행록을 저술하였는 바, 필담창화의 실상에 대해서 상세한 기록을 남기고 있다.

둘째, 장르의 다양화이다. 체재면에서도 한글가사체로 된 김인겸의 『일동장유가』가 처음으로 나왔다. 홍대용의 한글가사체 연행록인 『을병연행록』과 비슷한 시기에 나온 점도 주목된다. 또 원중거의 『화국지』를 비롯해 조엄의 『해사일기』, 남옥의 『일관기』 등 뛰어난 작품들이 나왔다.

셋째, 한 개인이 다수의 사행록을 저술하였다는 점이다. 남옥과 원중거, 김인겸이 그러한 사례이다. 이들은 종래 사행록을 구성하던 세 요

---

12 변탁은 향반 출신의 무관으로 이 사행에서 제2기선장을 담당하였다. 동래부의 중군인 친족 변박도 참여하였는데, 두 사람 모두 조엄이 동래부사 시절 거느렸던 인맥으로 그림에 조예가 있었다.

13 구지현, 『계미통신사 사행문학 연구』, 보고사, 2006.

소, 즉 사행일기, 문견록, 창수록 부분을 내용에 따라 각기 독립된 저서로 저술하였다. 일본사행록의 표준적인 체재는 사행일기+창화집+문견록으로 구성되어 있다. 이 가운데 한두 개가 빠진 것도 있으며, 온전히 다 갖춘 것도 있다. 원중거의 경우를 살펴보면,『승사록』은 '사행일기'이며,『화국지』는 일본사행록의 '문견록'에 해당한다. 그런데『화국지』가 단순히『승사록』의 문견록적인 성격을 지니는 것만은 아니고 그 자체로서 하나의 독립된 책으로서의 체재를 갖추고 있다. 이상의 사실로 미루어볼 때 원중거는 세 부분을 각각 독립된 책으로 구상하였던 것 같다. 사행일기로서의『승사록』, 문견록으로『화국지』, 창화록으로『일동조아』, 즉 3부작으로 각각 독립된 책으로 저술하였다고 여겨진다. 이 점은 비슷한 시기에 홍대용이 연행을 갔다온 후 3부작을 저술한 것과 유사해 아주 흥미롭다.[14] 이러한 양상은 이 시기 의식의 변화상을 보여주는 것으로 볼 수 있다. 저술방식의 변화는 의식의 변화에서 도출되는 것으로, 새로운 의식을 담기 위해서는 새로운 양식이 필요한 것이다. 이것은 사행록 저술동기의 변화로 볼 수 있을 것이다.

　넷째, 사행록의 수록내용으로 볼 때 시문창수보다는 지식과 정보를 얻을 수 있는 필담과 문견록이 중시되었다. 문견록을 저술함에도 개인적인 체험보다는 일본서적을 통해 보다 객관적인 지식과 정보를 기록하는 방식으로 바뀌고 있다. 대표적인 사례로 원중거의『화국지』를 들 수 있다. 그는『화국지』를 서술하면서 사행 시의 견문에만 바탕을 두지

---

14 이에 관해서는 정훈식,「원중거와 홍대용의 사행록을 통해 본 18세기 사행록의 향방」,『조선통신사연구』7, 2008 참조.

않고 많은 한일 양국의 서적을 참고하면서 비교분석하였다. 그리고 그 내용이 일본의 지리와 역사, 정치, 사회, 문화 등 전 부문에 걸쳐 백과전서적인 체재를 갖춘 '일본국지'적 성격을 띠고 있다는 점에 비추어 볼 때 그러하다.

나) 필담창화집의 양상

계미통신사행 시 필담창화집은 간본 23종과 사본 20종 등 도합 43종이 간행되었다.[15] 이것은 1711년 신묘통신사행 시 24종, 1719년 기해통신사행 시 25종, 1748년 무진통신사행 시의 40종에 비하면 늘어난 것이다. 18세기 초반에 비하면 훨씬 증가했으며, 숫자만으로 보면 1748년 사행과 비슷하지만 다양화하는 양상을 보여준다. 남옥의 『일관기』「창수제인」을 보면 계미사행 때 필담창화에 참여한 일본인 문사가 500여 명으로 나온다. 이것은 1719년 기해통신사행 시 필담창화에 참여한 일본인 문사가 100명 정도이었음에 비해 비약적으로 증가한 숫자이다. 그만큼 문화교류활동이 활발하게 전개되었음을 보여주는 증거이다.

필담창화집은 한정된 짧은 시간에 통신사행원을 만나 시문을 창수하고 필담을 나눈 것을 기록한 것이다. 특별히 주제 중심으로 정리하는 방식보다 나눈 대화와 시문을 그대로 기술하는 방식으로 만들어졌다. 이 점에서 일본사행록과 차이가 난다. 필담창화집은 저자가 사행원을

---

15 이에 관해서는 구지현, 「18세기 필담창화집의 양상과 교류 담당층의 변화」, 『통신사 필담창화집의 세계』, 보고사, 2011 참조.

직접 만나 교류했다는 증거물이다. 일본문사로서는 통신사행원을 직접 만나 교류했다는 것만으로도 문장계에서 위치를 일정하게 인정받는 것이 되었다. 개인이 편찬한 필담창화집은 철저하게 자신과 사행원과의 창화시문과 필담만으로 구성되어 있다.

　필담창화집은 대체로 필담, 시, 서신의 세 가지로 구성되어 있다. 이 세 요소를 다 갖춘 경우도 있는데, 1가지 혹은 2가지로 구성된 경우가 대부분이다. 가장 많은 것은 필담과 시로 구성된 것이다. 계미통신사행 시에는 필담창화집의 작자가 번(藩) 단위에서 제작되거나 개인화하는 등 다양화하는 경향이 있다. 또 장르상으로도 시문과 필담이 분리되는 등 세분화하는 양상이 나타나고, 필담만으로 구성된 것이 증가한다는 점이 특징이다. 통신사행원들의 일본사행록에서도 시문창수보다 필담이 중시되는 경향이 있었는데, 일본에서의 필담창화집에도 마찬가지로 창화와 필담이 분리되는 경향이 나타나고 있다. 매우 흥미로운 사실이다.

4. 계미통신사행 문화교류의 양상과 특징

1) 전수에서 논쟁으로

계미통신사행에서 문화교류활동은 역대 어느 사행 때보다 활발하였다. 그런데 교류양상에서 주목할 만한 변화가 일어나고 있었다. 활발한 문화교류의 이면에는 고문사학(古文辭學)을 둘러싸고 격렬한 논쟁이 벌어

지기도 하였다.[16]

에도시대 일본의 사상계와 문학계의 상황을 살펴보면, 17세기까지는 일본의 유학과 한문학, 의학 등이 조선에 비해 발전하지 못하였다. 이에 따라 교류의 양상 또한 조선의 우위 속에 일본에게 문물을 일방적으로 전수하는 형태를 띠었다고 해도 과언이 아니다. 일본인들도 한 수 배우자는 태도였기 때문에 논쟁이 벌어지는 사례는 드물었다.

그런데 18세기에 들어서 일본 유학계에서는 고학이 발전하고 한문학도 크게 발전하였다. 100년간에 걸친 도쿠가와막부의 문치주의적 정책의 효과라고도 볼 수 있을 것이다. 유학계에서는 주자학이 17세기 초반 막부의 교학으로 채택되었으나 이후 하야시가(林家)에게 독점되면서 관학화하였고 별다른 사상적 발전이 없었다. 그런데 17세기 중반 야마가 소코(山鹿素行), 이토 진사이(伊藤仁齋), 오규 소라이(荻生徂徠) 등에 의해 고학이 제창되면서 사상계의 큰 호응을 받았다. 18세기 중반에는 일세를 풍미한 고문사학에 대한 비판으로서 반소라이학파도 나오고, 이어 절충학파까지 등장하였다. 그밖에 양명학, 난학(蘭學), 국학(國學)까지 발전하면서 1790년 칸세이이학금지령(寬政異學禁止令)이 내려지기 전까지 일본의 사상계는 백가쟁명의 시대라고 할 수 있다.

18세기 중반 무렵부터 소라이학파 제자들이 전국의 번교(藩校)에서 자리 잡으면서 크게 번성하였다. 이에 따라 주자학을 중심으로 하는 조선의 문화적 우위성이 사라지고 조선의 문화에 대한 존경심도 쇠퇴하

---

16 이에 관해서는 夫馬 進, 『朝鮮燕行使と朝鮮通信使』, 名古屋大學出版會, 2015 참조.

소라이와 문인들

였다. 계미통신사행 때는 오규 소라이의 제자들이 각지에서 교류에 참여해 자신들의 새로운 사상에 자신감을 가지고 조선문사들에게 도전을 시도하였다.

한편 이 시기는 일본의 한문학이 정점에 달하는 시기이기도 하다. 교토와 오사카에는 유란사(幽蘭社), 혼돈시사(混沌詩社)와 같은 시 동호인 그룹이 생겨나 수준 높은 시를 창작했으며, 통신사행원들과 대등하게 창화하는 수준에 이르렀다. 특히 소라이의 제자들인 고문사학파를 중심으로 조선문사들과 시론(詩論)에 관해 논쟁을 벌이기도 하였다. 고문사학이 토론의 주제로 부상하였고, 고학과 주자학의 논쟁이 벌어지는 양상이 전개되었다.

그들은 고문사학의 입장에서 주자학을 고수하는 조선문사들의 태도를 고루하다고 비판하면서 내심 우월성을 과시하기도 하였다.[17] 당시 소라이학파는 전국적으로 세력이 펼쳐있었는데, 활발한 교류의 이면에서는 격렬한 경쟁의식이 맞부딪쳤다. 이와 같이 일본의 고학과 한문학의 발전에 따라 17세기까지의 일방적 수용 양상에서 변화가 일어나 계미통신사행에서는 대등한 교류 내지 논쟁으로 바뀌는 현상이 전개되었다.

18세기 들어 일본에서는 시문창화를 '문전(文戰)'으로 인식하는 경향

---

17 전반적으로 유학을 주제로 한 필담에서 통신사행원들이 주자학일존주의에 빠져 일본의 고학파 등을 이단이라고 경직된 태도로 비판하는 반면, 일본은 다양한 사상적 경향 속에서 상대적으로 유연하고 개방적인 입장이었다. 사행원들은 주자학 이외의 고학이나 절충학파 등에 대해 이해가 부족하였다. 이런 점에서 일본문사들이 사행원을 우습게 보는 여지를 제공하였다. 한편 통신사행원들은 이미 조선에서 한물간 명대의 고문사학을 떠받드는 소라이문도들의 태도에 대해 경멸적인 인식을 토로하였다.

이 확산되어 갔다. 조선에서도 이러한 인식은 있었다. 기본적으로 통신사행을 파견하는 목적이 문화적 계도를 통해 일본의 문명화를 이끌고 그것을 통해 침략성을 순화시킨다는 명분을 지니고 있었다. 계미통신사행에서도 조엄, 김인겸 등은 이러한 생각을 저술에서 공공연히 밝히고 있다. 일본에서도 이러한 사실을 이미 인지하고 있었다. 특히 고문사학을 확립한 오규 소라이는 강한 자부심과 함께 경쟁적 인식을 가지고 있었다. 18세기 중반 이후 이러한 양상이 나타났는데, 계미통신사행에서 고문사학파의 문도들이 조선에 대한 강한 경쟁의식을 표현해 갈등양상을 보여주었다.[18]

2) 시문창수에서 필담으로

유학과 한문학을 둘러싼 논쟁과 함께 시문창화의 문제점에 대한 비판이 다양하게 제기되었다. 일본에서의 한문학의 발전은 18세기 중반에 이르면 시사(詩社)의 결성, 고문사학파의 독자적인 시론을 제기하기까지에 이른다. 이에 따라 수준이 떨어지는 통신사행원의 화운시에 대해 비판할 수 있는 안목이 생긴 것이다. 이 시기에 오면 필담창화집에서도 조선문사의 창수시를 비판하는 내용이 많이 등장한다.[19]

사실 당시 사문사가 접했던 일본 문사 500명은 일본을 대표할 만한

---

18 이효원, 「荻生徂徠와 통신사 ─ 徂徠 조선관의 형성과 계승에 주목하여」, 『고전문학연구』 43, 2013.
19 그런데 일본문사들은 조선시를 비판하면서도 사행원들의 인정을 받으려고 매우 노력하였다. 처음 창수를 원할 때는 '大國' 운운하면서 매우 공손한 태도로 접근한다. 조선문사의 평가를 강하게 의식하고 있으면서도 한편으로 비판하는 뒤틀린 의식과 자세를 보인다.

문인과 지식인이라고 할 수 있다. 그들은 통신사행원과의 교류를 위해 수개월 전부터 시문을 준비하였고, 필담 시 질문사항도 예정하였다. 이에 비해 조선의 사문사는 아무런 대비 없이 그들의 시에 화답해야 했고, 질문에 대답해야 했다. 바둑으로 비유하자면 다면기(多面棋)를 두는 것과 마찬가지라고 할 수 있다. 각자 시문만 천 수 이상을 지었다고 하니 그들의 육체적 피로는 말할 것도 없고, 정신적으로 얼마나 고통을 받았을까 짐작이 간다. 화운시도 대부분 즉석에서 만들어야 했던 만큼 수준높은 작품이 나오기 힘들었다. 순발력으로 버텨나갔겠지만, 상투적인 표현이나 시상으로 대응할 수밖에 없었고, 퇴고할 여유가 없었다. 이러한 허점에 대해 필담창화집을 저술한 일본문사들이나 주변의 비평가들이 비판하였던 것이다.

한편 이러한 문제점에 대해 원중거를 비롯해 통신사행원들도 알고 있었다. 사문사들 사이에서도 속작(速作), 다작(多作)으로 인한 시문의 질적 저하 문제가 심각하게 논의되고 있었다. 조선사행원들에게 창수는 단지 의무일 뿐으로 급하게 만든 시에 대해 부끄러워하였다. 남옥의 『일관창수』를 제외하고는 일본에서의 창수시를 따로 기록한 사행록은 없었고, 더구나 일본문사의 시를 채록하는 경우는 거의 없었다.[20] 이 때문에 사행원들은 후일 자신의 문집을 편찬할 때 일본에서의 창수시를 빼는 경우가 대부분이었다. 이것은 그 시의 수준에 대해 스스로 만족하지 못하는 졸작이라고 생각했기 때문일 것이다.

---

20 1682년 洪世泰가 일본에서 지은 몇 수의 시를 자신의 문집에 수록한 것이 유일한 사례이다.

일본인과 창수한 시문을 조선에서 책으로 편집한 것은 계미사행이 처음으로, 그 사례는 남옥의 『일관창수』와 원중거의 『일동조아』이다. 이것은 일본의 문사들이 필담창화집을 간행하는 것과 비슷한 현상으로 일본시문의 수준을 인정한 것이라는 의미가 있다.

이에 원중거는 교류에 있어서 의례화되고 형식화된 시문창수보다 필담을 중시하였다. 그는 돌아오는 뱃길에서 사행을 회고하면서 우리 측 인사들이 필담에 대해 소홀히 하는 것을 비판하였고, 시문창수를 통해 한시의 교양을 과시하는 것보다 필담을 통해 양국 간의 실정을 알고 진정한 이해를 하는 것이 유익하다고 주장하였다. 이것은 지식과 정보에 대한 필요성을 더 절실하게 느꼈음을 의미한다. 그는 또 일본문사와 대화하기를 즐겨하였고 그들의 학문과 문화가 발전하기를 진실로 기원하였다.

3) 계미통신사행 문화교류의 특징

첫째, 계미통신사행에서의 문화교류는 역대 가장 활발하였으며 절정에 달했다고 평가할 수 있다. 당시 일본에서 다양한 학파가 풍미하였다. 주자학파, 고학파, 고문사학파, 반조래학파, 절충학파, 양명학파, 난학파, 국학파 등 가히 백화제방의 상황이었다. 따라서 통신사행원들도 다양한 학파의 인물들을 만날 수 있었다. 사상적인 면에서 고학파와 본격적으로 교류하였는데, 1748년 무진통신사행 때는 이토 진사이가 토론대상이었다면, 1763년 계미통신사행에서는 오규 소라이의 고문사학이 주된 쟁점이 되었다. 그러한 교류의 결과 양적으로나 질적으로 가장 다양하고 풍부한 사행록과 필담창화집이 저술되었다. 14종에 달하는 일본사행록은 서술주체 면에서 정사, 제술관, 서기, 역관, 군관, 선장 등 다양한 계층이 참여하였고, 형태와 내용면에서도 이전 사행과 비교할 수 없을 정도로 높은 수준을 성취하였다. 일본에서도 역대 가장 많은 43종의 필담창화집이 저술되었다. 창화집의 작자를 보더라도 사상적으로나 지역적으로 다양하게 분포되었고, 형태와 내용면에서도 세분화되고 다양화하는 양상을 보여주고 있다.

둘째, 통신사행원들은 일본문사들과의 직접적 만남과 교류를 통해 일본인식에 변화가 일어났다. 그들은 일본문사들이 보여준 인정에 공감하면서 인간으로서의 동질성을 느꼈다. 이 점에는 원중거는 물론 남옥·성대중·김인겸 모두 마찬가지였다. 단지 일본이적관을 청산했느냐 하는 문제는 개인차가 있다고 여겨진다. 조엄·남옥·김인겸이 보수적인 반면, 성대중·원중거는 상대적으로 개방적이라고 볼 수 있다. 원중거의 경우를 예로 들어보면, 그는 충실한 주자학자로서 화이관(華夷觀)을 가지고 있었지만 사행 시 일본인을 직접 접하고 난 후 그것이 지니는 자기폐쇄성과 비현실성을 자각하면서 일본이적관을 부정하고자 하였다. 이에 비해 남옥과 김인겸은 일본에 대해 '만(蠻)'으로 표기해 화이관적인 인식을 표출하였다.

셋째, 일본사회와 문물에 대해 객관적으로 관찰하고 실용적인 관점에서 인식하는 태도가 정착되어갔다. 일본에 대한 지적인 관심과 탐색이 본격화하였다. 그러한 차원에서 의례적인 시문창수보다 실질적인 정보와 지식을 얻을 수 있는 필담의 중요성이 강조되었다.

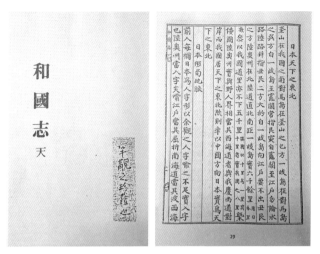

화국지

넷째, 일본이해의 심화이다. 일본에 대한 객관화를 통해 의미있는 지식의 축적이 이루어지고, 『화국지』 같은 종합적인 '일본국지'가 저술되었다. 『화국지』는 조선후기 통신사행원의 일본인식의 최고봉으로서 150여 년간에 걸친 문화교류의 결실이라고 해도 좋을 것이다.[21] 원중거는 귀국 후 『화국지』를 저술할 때 조선서적과 비교검토하고 이덕무 등 학자들과 토론하는 등 심혈을 기울였다. 그 결과 『화국지』에서는 종래의 사행일기가 지니는 '주관성'과 국내에서 서적만을 참고해 저술된 기록들의 '간접성'이란 한계성이 극복되었다고 할 수 있다.

---

21 이와 관련해 박희병은 원중거의 『화국지』와 이덕무의 『청령국지』를 조선에서의 '일본학 성립'이라고 그 의미를 높이 평가하였다.(「조선의 일본학 성립 – 원중거와 이덕무」, 『한국문화』 61, 2013)

다자이 슌다이(太宰春台)

다섯째, 통신사행과 실학파의 연계가 이루어졌다는 점이다. 계미사행에 이르러 통신사행과 실학파가 비로소 접목되었다는 점도 주목되는 사실이다. 사실 통신사행과 일본 고학파와의 접촉은 1711년 신묘통신사행부터 있어왔다. 오규 소라이와 그 문도들이 통신사행원과의 필담창화에 참여한 사실이 최근 밝혀지고 있다. 1748년의 무진통신사행과 1763년의 계미통신사행 때는 고문사학파들이 교류에 적극 참여하였다. 에도에서는 여전히 태학두(太學頭)인 하야시가(林家)가 주도하였지만, 지역에 따라서는 오히려 그들이 교류에 주역이 되기도 하였다. 이에 비해 조선의 실학파와 통신사행의 연결고리가 생긴 것은 계미통신사행이라고 판단된다. 다산 정약용이 일본고학을 본격적으로 연구하면서 참고한 나자이 슌다이(太宰春臺)의 『논어고훈외전(論語古訓外傳)』도 이때 전래되었을 것으로 보인다.

제3장

『화국지』란
어떤 책인가?

1.『화국지(和國志)』와『승사록(乘槎錄)』,『일동조아(日東藻雅)』

1)『화국지』

필자가『화국지』의 존재를 처음 알게 된 것은 이덕무의『청비록(淸脾錄)』에 '화국기(和國記)'라고 하는 책의 내용이 인용되어 있는 것을 보았을 때였다. 그 후 이덕무의 손자이자 실학자인 이규경의『오주연문장전산고(五洲衍文長箋散稿)』의「동사동국제가사류변증설(東事東國諸家史類辨證說)」이란 항목에 또 '화국기'란 서명을 발견하였다. 그래서 이 책을 찾고 있던 중에 마에마 고사쿠(前間恭作)의『고선책보(古鮮冊譜)』에『화국지』에 관한 간단한 해제를 볼 수 있었다. 그런데 여기에는 그 원본의 소재처 등에 관한 기술이 없었다. 그 뒤 계속 관심을 가지고 알아보던 중 일본 규슈대학(九州大學) 조선사연구실에 있었던『세이키도문고 선본목록(成簣堂文庫善本目錄)』에서『화국지』를 찾아내었다. 세이키도문고는 근대 일본의 언론인이자 역사학자인 도쿠도미 소호(德富蘇峰, 1883~1957)가 자신의 소장도서를 바탕으로 만든 문고인데 그 속에는 조선에서 간행된 귀중한 전적과 문서들이 많이 포함되어 있다. 세이키도문고의 소장도서들은 도쿠도미 소호가 죽은 뒤 도쿄에 있는 오차노미즈도서관(御茶の圖書館)으로 옮겨져 보관되어 있다.

『화국지』는 현재 세이키도문고의 조선본 속에 있는 것으로 필자가

본 것도 물론 이 오차노미즈도서관 소장본이다. 책의 제목은『화국지』
이고 천·지·인의 3권으로 구성되어 있다. 책의 크기는 각 권 모두 길
이 34.3cm, 폭 21.3cm이고 책의 분량은 세 권 모두 합쳐 총 263장에
달한다. 또 천권(天卷)의 앞부분에는 총도(總圖)와 각 주별로 나뉜 일본지
도 12장이 홍색·청색·흑색으로 3색으로 그려져 있다. 천권의 표지에
는 도쿠도미 소호가 썼다고 보이는 바 "드물게 보는 진기한 책이다.(罕
覯之珍籍也)"라는 글이 쓰여 있고, 각 권의 표지 안쪽에 '도쿠도미씨도서
기(德富氏圖書記)', '소호가 읽다(蘇峰讀過)', '도쿠도미(德富)'라는 도장이 찍
혀 있다. 또 인권의 권말에는 '1911년 7월 소호가 다 읽었음(明治四十四年
七月 蘇峰讀訖)'이라는 메모가 있다. 이『화국지』는 필사본으로서 3권 모
두 서체가 훌륭하고 동일한 점, 표지의 장정, 끈의 묶음새, 용지의 모양
등이 일본식이 아니고 조선식이라는 점, 그리고 '드물게 보는 보배로운
책(罕覯之珍籍也)'이라는 도쿠도미 소호의 논평 등으로 미루어 볼 때 이것
은 일본에서 필사한 것이 아니고 원중거의 자필원본이라고 생각된다.

　그러면 도쿠도미 소호는 이 책을 언제 어떻게 구하였을까? 명시된
기록이 없어 확실히 알 수는 없지만 추측컨대 "메이지(明治) 44년(1911)
에 다 읽었다."는 자신의 기록과 그가 1906년 조선에 와서 경성일보(京
城日報)를 창간하는 등의 활동을 했다는 점으로 미루어 볼 때 대략 이 시
기에 조선에 머물면서 구득하지 않았을까 여겨진다.

　2)『승사록』
　원중거가 저술한 사행록으로는『화국지』외에『승사록(乘槎錄)』이 있

다. 『승사록』은 현재 고려대학교 도서관의 육당문고본(六堂文庫本)에 소장되어 있는데 저자가 원중거임이 명시되어 있다. 모두 4권(4책) 267장으로 체재와 내용은 권두의 『승사월일총목(乘槎月日總目)』과 『승사도로총목(乘槎道路總目)』을 제외하고는 모두 사행일기로 되어 있다. 1·2권은 1763년 7월 24일 출발에 앞서 영조를 인견한 날부터 이듬해 3월 에도(江戶)에서 국서를 전하기까지의 일정이, 3·4권에는 '회정기(回程記)'라는 소제목 하

승사록

에 1764년 3월 11일 에도에서의 출발부터 귀국 후 7월 8일 왕에게 복명하기까지의 내용, 도합 332일간의 사행일정이 매일 매일의 일기형식으로 기술되어 있다. 단 1권의 앞부분에 「승사월일총목」과 「승사도로총목」이 있고, 중간중간에 에도·오사카·쓰시마에서 일정을 마친 후 감상과 견문을 모아서 정리해놓은 부분이 있는 점이 특색이다.

그런데 『승사록』에는 '문견록(聞見錄)'이 따로 없다. 『화국지』가 하나의 독립된 책이지만 『승사록』과 합쳐서 보면 내용적으로 볼 때 『승사록』의 '문견록'과 같은 성격을 띠고 있다고도 할 수 있다.

그러면 『화국지』와 『승사록』의 관계는 어떠한 것으로 보아야 할까? 『승사록』의 기사를 보면 양자가 유기적인 관계를 가지고 있으며 같

은 시기에 저술되었음을 알 수 있다. 예컨대 갑신년 1월 4일조 "이하 연로의 태수에 관해서는 화국지에 있다."라든가, 3월 10일조 모노노베 소하쿠(物部雙栢)의 성씨에 대해 "상세한 것은 별록을 보라."든가, 칸파쿠(關白)에 대한 배례문제에 관해 "자세한 것은 화기(和記)의 안에 있으니 대강만 기록한다." 등으로 되어 있다. 여기 나오는 '화국지(和國誌)'· '별록(別錄)'·'화기(和記)'가 『화국지』를 가리킴은 물론이다. 이로써 보면 『승사록』도 사행을 마치고 귀국한 후 정리해 일괄적으로 기록한 것으로 보이며, 『화국지』를 처음부터 별개의 책으로 저술하고자 하였음을 알 수 있다.

그 이유는 첫째, 『승사록』의 사행일기에는 일본의 사회와 풍속, 종교 문화계에 대한 소개와 사행 중 일본 측 문사와 나눈 필담창화 기사가 매우 풍부하게 서술되어 있는데, 이 중 일부가 『화국지』의 내용과 중복되어 있기도 하다. 이러한 점은 『승사록』과 『회국지』가 같은 책으로 편집된 것이 아니라는 사실을 증명해 준다. 둘째, 『화국지』가 단순히 『승사록』의 '문견록'적인 성격을 지니는 것만은 아니고 그 자체로서 하나의 독립된 책으로서의 체재를 갖추고 있다는 점이다.

원중거가 이들 책을 저술한 연대는 사행을 마치고 돌아온 해인 1764년 어간으로 추측된다. 그것은 『화국지』 천권 「위연호(僞年號)」에 영조 40년(1764)까지의 기사가 기록되어 있는 점, 또 대개 사행일기를 귀국 후 바로 저술하는 것이 통례라는 점으로 미루어 그렇게 추정할 수 있을 것이다.

3) 『일동조아』

한편 원중거는 『승사록』과 『화국지』 외에 시문창수에 관한 별도의 책을 남겼던 것 같다.

유득공이 쓴 『건연외집(巾衍外集)』 서문에 "계미년 원중거가 일본통신사의 종사관(부사의 착오로 여겨짐: 필자 주) 서기에 선발되었다. (중략) 그는 일본문사들과 깊이 사귀었는데 돌아온 뒤에 그들이 준 증별시를 초하여 두 책으로 엮었다. 강산거사(이서구)가 여기에서 67수를 뽑아 일동시선(日東詩選)이라고 명명하였고 내가 그것에 서문을 썼다."라는 구절이 나온다.[1]

이덕무는 다시 건연외집을 보고 초록해 자신의 시평론집인 『청비록』에 「청령국시선」이라고 하면서 실었다.[2] 여기에 따르면 원중거는 일본문사들로부터 받은 증별시를 가지고 귀국했는데, 이것을 박제가가 모두 초록해 2책으로 엮었으며, 이서구가 그 가운데 67수를 선별해 일동시선이라고 했다고 한다.[3]

그런데 원중거가 귀국 후 2책으로 편찬하였다는 '창수록'은 현재 전해지지 않고 있다. 이서구가 다시 그 가운데서 67수를 뽑아 만들었다는 '일동시선'도 현전하지 않고, 거기서 다시 12수를 가려 실은 『청비

---

1 『청비록』 권4 「蜻蛉國詩選」

2 『건연외집』은 유득공이 1766년 연행을 간 홍대용과 교류하였던 중국문사들의 시와 원중거가 가져온 일본문사들의 시를 모아 엮은 책인데 현재 전하지 않는다. 유득공은 또 1790년 연행을 다녀온 뒤 6년 후에 1796년 청, 일본, 안남, 유구 문사들의 시를 모아 『竝世集』을 편찬하였다. 여기에는 일본문사 10인의 시 11수가 수록되어 있는데, 그 가운데 7수가 원중거와 교유한 문사들의 시이다.

3 『청비록』 권4 「청령국시선」

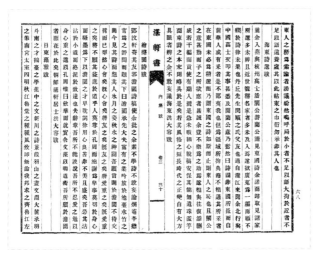

일동조아발

록』의 「청령국시선」만 전한다.

　이와 관련해 원중거가 편찬했다는 창수록에 대해 홍대용이 논평한 「일동조아발(日東藻雅跋)」이란 발문이 있다.[4] 그 내용으로 보아 원중거가 편찬한 창수록의 제목이 '일동조아(日東藻雅)'라는 사실을 알 수 있다. 원중거가 지은『일동조아』는 증별시를 비롯해, 사행 중 창수한 시가 포함되었을 것이다. 원중거는 사행 중 자신과 치열하게 논쟁을 벌였던 소라이학파의 타키 쵸가이(瀧長愷), 카메이 로(龜井魯)에 대해서도 인간적 공감과 함께 긍정적인 평가를 했다. 이런 관점에서 그들과의 창수시와 증

4 『담헌서』내집 권3「日東藻雅跋」

제3장『화국지』란 어떤 책인가?

별시를 모아『일동조아』로 편찬하였고 지인들에게 소개하였다.[5] 박제가가 초록해 2책으로 편집했다고 하니 수록된 시도 67수보다 훨씬 많았을 것이다. 홍대용이 본 일동조아는 원중거가 편집했던 것으로 일동조아 원본이었을 것으로 추정된다. 이덕무의『청비록』, 유득공과 윤광심의『병세집』, 이서구의「일동시선」등은 모두『일동조아』에서 가려뽑은 것으로 볼 수 있다.[6]

2.『화국지』의 저술동기와 서술상의 특징

1)『화국지』의 저술동기

『승사록』과『화국지』의 내용을 보면 실로 원중거가 심혈을 기울인 작품임을 알 수 있는데 그가 이러한 책을 저술한 의도는 무엇일까?

　원중거는『승사록』을 저술한 동기에 관해, 첫째 이전의 기록들이 소략한 바 있어 보충하기 위한 것이며, 둘째 뒤에 사행 오는 자가 참고하여 실수하지 않고 대마도인과 상역배(商譯輩)의 농간을 막을 수 있으며 나아가 조정에 죄를 입고 나라에 욕되지 않게 하고자 할 따름이라고 밝혔다.[7] 그런 입장에서『승사록』에는 사행 시 체험했던 사건과 필담창화

---

5 『승사록』권4 갑신년 3월 10일조
6 이들 책에는 성대중이 가져온「겸가아집도」의 시도 있다. 그런데 남옥의『일관창수』에서 인용된 시는 보이지 않는다. 그 책에 수록된 시가 압도적으로 많음에도 불구하고, 후대인들에게 널리 전해지지 않은 이유는 남옥이 귀국 후 요절한 점과 그들과의 교류가 적었기 때문으로 여겨진다.
7 『승사록』권4 갑신년 6월 14일조

하면서 느끼고 견문한 것을 기술한 내용과 함께 정책적인 제안이 많이 제시되어 있다.

그런데 『화국지』를 저술한 동기에 관해서는 명시적으로 밝힌 바가 없다. 단편적으로 술회한 내용을 통해 정리해 보면 다음과 같다.

첫째, 일본에 대한 당시 조선 지식인의 무지를 비판하는 입장에서 일본에 관해 자신이 보고들은 새로운 사실을 알리고자 하는 의욕을 들 수 있다. 이것은 원중거뿐만 아니라 일본사행록을 저술한 사람들에게 공통적으로 있는 측면이겠지만 『화국지』에는 이러한 그의 입장이 여러 군데서 강하게 표현되어 있다. 예를 들면 천권 「인물(人物)」에서는 "나는 천하 사람들이 일본에 대해 모르고 있는 것을 두려워한다."라고 하였고 「임란입구시적정(壬亂入寇時賊情)」에서는 "우리나라 사람은 왜국의 사정에 대해 상세하지 못하다."고 비판하면서 자신이 일본에서 어렵게 구한 일본 서적을 통한 새로운 기록을 빈드시 참고해야 할 것이라고 강조하였다.

둘째, 기존기록의 불비함을 보충하고 오류를 시정하려고 하였다. 예를 들면 천권 「임란입구시적정」과 「중국통사정벌(中國通使征伐)」에서는 기존의 한일관계사와 중일관계사에 대한 한·중·일 삼국의 사서(史書)의 기록이 불비하고 서로 모순되는 점이 있는 것을 비판하였다. 그리고 자신이 새로 찾아내어 서술한 위의 내용이 역사의 서술을 대비하기 위한 것(以備太史氏取焉)이라고 밝혔으며, 자신의 그러한 노력이 "와신상담의 뜻에서 나왔으므로 보는 사람은 마땅히 살펴보아야 할 것"이라고 하였다.

셋째, 이러한 입장에서 원중거는 『화국지』의 서술내용이 후일의 참고가 되고 일본을 알고자 하는 이들에게 도움이 되기를 간절히 바랐다. 때로는 독창적인 정책을 제시하기도 하였다. 본문 중 여러 군데의 중요 항목에서 "보는 사람은 마땅히 상고해야 한다(覽者宜詳之)", "보는 사람은 마땅히 살펴야 한다(覽者宜察之)", "고찰하고 보기에 편리하도록 하였다(以便考覽)", "상세히 기록함으로써 후세인의 고찰에 대비하였다(詳錄之以備後考)", "견문한 바를 기록함으로써 후인의 고증에 대비하였다(記見聞以備後人之考證)", "지난 사실을 저술함으로써 오늘의 나를 감계하는 데 대비할 따름이다(著往時事 以備今世之監我耳)" 등의 표현을 쓰면서 그러한 자신의 바람을 나타내었다.

『화국지』의 저술동기에 대해 원중거의 주장을 간략하게 정리해보면, ① 유사시에 정책당국자나 지식인들의 참고자료를 대비하기 위한 것,[8] ② 국내에서 볼 수 없는 일본자료를 구했을 경우 올바른 역사서의 편찬을 위한 자료를 제공하기 위한 것,[9] ③ 와신상담의 뜻으로 기록한 것이라고 하였다.[10]

2) 저술태도와 서술상의 특징

『화국지』와 『승사록』을 통해 원중거의 저술태도와 입장을 정리해 보면 다음과 같다.

---

8 『화국지』 천권 「僞年號」
9 『화국지』 천권 「武州本末」
10 『화국지』 천권 「秀賊本末」

첫째, 원중거는 일본의 사정을 알기 위해 치열하게 노력하였다. 문견과 체험을 종합했을 뿐 아니라 사행 중 동행하는 일본의 호행문사(護行文士)와 승려에게 집요하게 질의하였다.

둘째, 그는 『화국지』를 기술하는 원칙으로 '조응(照應)'과 '핵실(覈實)'을 강조하였다. 이것을 현대적으로 해석하자면 '조응'은 고증학적 방식이고 '핵실'은 논리적으로 분석하는 태도라고 할 수 있겠다. 그의 이러한 서술원칙은 『화국지』와 『승사록』에 일관되게 적용하였음을 확인할 수 있다.

셋째, 일본에 대한 총체적 인식과 함께 복합적이고 다면적이며, 문화 상대주의적인 입장에 서서 평가를 내리고 있다.

다음으로 서술상의 특징을 보면 첫째, 보통의 사행록과는 달리 사행 시의 견문 외에 다양한 국내외 서적을 참고하여 비교 검토해서 서술하는 성실성을 들 수 있다. 그가 인용하고 있는 서목(書目)을 보면 국내 서적으로는 『간양록(看羊錄)』, 『해동제국기(海東諸國紀)』, 『보한재집(保閒齋集)』, 『해유록(海游錄)』, 『고사촬요(考事撮要)』, 『춘관지(春官志)』, 『삼국사기(三國史記)』, 『고려사(高麗史)』, 『황정욱집(黃廷彧集)』, 『지봉유설(芝峯類說)』, 『동국통감(東國通鑑)』, 『남씨가승(南氏家乘)』, 『정토록(征討錄)』, 『이존록(彝尊錄)』, 『패관잡기(稗官雜記)』, 『동국여지승람(東國輿地勝覽)』, 『용재총화(慵齋叢話)』, 『명신록(名臣錄)』, 『석담일기(石潭日記)』, 『징비록(懲毖錄)』, 『하담파적록(荷潭破寂錄)』, 『해동야언(海東野言)』, 『선문쇄록(瑄聞鎖錄)』, 『학봉문집(鶴峰文集)』, 『선묘보감(宣廟寶鑑)』 등 25종의 서적과 그밖에 '전인일기(前人日記)', '아국전후사승(我國前後史乘)', '승문원 소장 서계(承文院所藏書啓)' 등이 있고, 일본 측 자료로는 『일본삼재도회(日本三才圖會)』,[11] 『지세론(地勢論)』, 『격조선론(擊朝鮮論)』, 『원세조정토기(元世祖征討記)』, 『적생조래문집(荻生徂徠文集)』 등이다. 그밖에 서명(書名)을 구체적으로 밝히지 않고 '왜국서(倭國書)', '피인수삼본소기(彼人數三本小記)', '왜인소록수삼본(倭人所錄數三本)', '왜인간행수본소기(倭人刊行數本小記)', '왜인소기(倭人所記)', '무도병술책(武刀兵術冊)',[12] '왜인기사(倭人記事)', '기연대기(其年代記)', '왜사(倭史)'라고 표기된 것이 많다.

이러한 서술태도와 독창적인 시도는 기존의 일본사행록에서는 거의 찾아볼 수 없는 측면이다. 일례를 들면 『일본서기(日本書紀)』의 기사를 인용할 때 그 내용에 의문이 있는 경우 반드시 『삼국사기(三國史記)』의 관련부분과 비교 검토하면서 자신의 견해를 제시하고 있다. 이것은 '새로운 글쓰기'방식으로 학술연구서로서의 성격을 보여주는 것이다.

다음으로 일본에서의 사행 중 보고들은 바를 서술할 때나 일본과 조선의 서적을 인용해 서술할 경우 간에 원중거는 자신의 의견과 논평을 많이 서술하고 있는 점을 들 수 있다. 이러한 면은 당시 일본사회나 정치상황, 사상, 풍속 등 주제와 관계없이 공통적으로 나타나고 있다. 또 어떤 항목을 설정할 때 그 항목을 서술하는 동기와 자료를 구한 경로 등을 밝히고 있는 것도 주목되는 특징 중의 하나이다. 특히 독특한 전망과 정책적 제안이 많은데 이 점에서 『화국지』는 18세기 말 조선 유

---

11 혹은 '왜국삼재도회(倭國三才圖會)'라고도 기술했는데, 데라시마 료안[寺島良安]이 지은 백과전서적인 저술로서 『화한삼재도회(和漢三才圖會)』를 가리킨다.

12 곳에 따라서는 '武刃兵述'이라고도 표기되어 있는데, 아마도 武田兵書의 오류라고 보인다.

교 지식인의 일본인식을 이해하는 데 아주 훌륭한 사료적 가치를 지니고 있다.

3. 『화국지』의 체재와 목차

『화국지』는 천·지·인의 3권으로 되어 있고 전체 500여 페이지가 되는 방대한 분량이다. 우선 목차를 보면 다음과 같다.[13]

1) 천권(天卷) : 총 26항목(지도 12장 별도)

① 팔도육십육주분도(八道六十六州分圖) ② 일본천하지동북(日本天下之東北) ③ 일본형국지맥(日本形局地脈) ④ 일본여아대소(日本與我大小) ⑤ 일본산소수역소(日本山少水亦少) ⑥ 천문(天文) ⑦ 국호(國號) ⑧ 절후(節侯) ⑨ 지리(地里) ⑩ 도리(道里) ⑪ 인물(人物) ⑫ 풍속(風俗) ⑬ 서복사(徐福祠) ⑭ 왜황본말(倭皇本末) ⑮ 위연호(僞年號) ⑯ 관백지시(關白之始) ⑰ 소잔오존(素盞烏尊) ⑱ 일본무존(日本武尊) ⑲ 평신장

일본지도

---

13 목차부분에 있는 것과 본문 속에 붙여져 있는 항목명이 다른 부분도 있고, 그 숫자에 있어서도 차이가 있다. 본문 속의 그것이 더 정확하기 때문에 여기서는 그것에 따라 서술하기로 하였다.

(平信長) ⑳ 원뢰조본말(源賴朝本末) ㉑ 수적본말(秀賊本末) ㉒ 무주본말(武州本末) ㉓ 마주수본말(馬州守本末) ㉔ 임진입구시적정(壬辰入寇時賊情) ㉕ 중국통사정벌(中國通使征伐) ㉖ 나제려통사전벌(羅濟麗通使戰伐)

2) 지권(地卷) : 총 31항목

① 관백종실록(關白宗室錄) ② 각주성부(各州城府) ③ 각주씨족식읍총록(各州氏族食邑總錄) ④ 무주내관직(武州內官職) ⑤ 씨성지이(氏姓之異) ⑥ 문자지시(文字之始) ⑦ 학문지인(學問之人) ⑧ 이단지설(異端之說) ⑨ 시문지인(詩文之人) ⑩ 왜자(倭字) ⑪ 언문(諺文) ⑫ 편가명(片假名) ⑬ 신사(神祠) ⑭ 불법(佛法) ⑮ 전후입중국명승(前後入中國名僧) ⑯ 사례(四禮) ⑰ 의복(衣服) ⑱ 음식(飮食) ⑲ 조욕(燥浴) ⑳ 언어(言語) ㉑ 배읍(拜揖) ㉒ 여마(輿馬) ㉓ 궁실(宮室) ㉔ 종수(種樹) ㉕ 기용(器用) ㉖ 농작(農作) ㉗ 잠직(蠶織) ㉘ 화폐(貨幣) ㉙ 도로(道路) ㉚ 교량(橋梁) ㉛ 주즙(舟楫)

3) 인권(人卷) : 총 19항목

① 의약(醫藥) ② 부세(賦稅) ③ 병제(兵制) ④ 병기(兵器) ⑤ 치도(治盜) ⑥ 심수(訊囚) ⑦ 노비(奴婢) ⑧ 절목(節目) ⑨ 왜황관직(倭皇官職) ⑩ 방음(方音) ⑪ 음식지명(飮食之名) ⑫ 금수(禽獸) ⑬ 아조정왜록(我朝征倭錄) ⑭ 국초왜인내조(國初倭人來朝) ⑮ 아조통신(我朝通信) ⑯ 왜관사실(倭館事實) ⑰ 이충무공유사(李忠武公遺事) ⑱ 제만춘전(諸萬春傳) ⑲ 안용복전(安龍福傳)

4.『화국지』의 내용

대체적인 내용을 보면 천권에서는 일본의 지리·역사·정치·대외관계 등을 중심으로 26항목, 지권에서는 일본의 사회·경제·제도·문화를 중심으로 31항목, 인권에서는 풍속·한일관계사를 중심으로 19항목이 각각 서술되어 있다. 전체 76개의 방대한 항목에 걸쳐 일본의 여러 측면을 소개하고 있는『화국지』는 보통의 일본사행록의 '문견록'과는 다르며 이름그대로 일본국지로서의 성격을 지닌 저술이다.

첫째, 일본의 정치 사회적 상황에 대해 깊은 관심을 보여주고 있다. 특히 천황(天皇)과 관백(關白)의 역사와 존재양식에 대해 중점적으로 기술하였다. 그리고 당시 양자의 권력관계를 고찰하면서 천황의 복권가능성과 그 후에 올 사태의 추이에 우려를 표명하고 있다.

둘째, 당시의 도쿠가와막부(德川幕府)의 통치방식과 전국 다이묘(大名)의 식읍과 출신계통에 대해서도 많은 분량을 할애해서 기술하였다. 지권의 1~4번의 4항목이지만 분량은 매우 많다. 이 부분의 내용은 아마도 일본의『무감(武鑑)』을 참고로 하여 서술한 듯하다. 조선시대의 사행원이나 지식인 중 일본의『무감』을 참고하여 대명에 대한 지식을 제공한 것은『화국지』가 처음이다.『무감』이란 에도시대 다이묘와 하타모토(旗本)의 씨명·계보·관위·직무·석고(石高)·가문(家紋) 등을 수록한 책이다.

셋째, 조선과 일본의 관계사에 대한 정리도 또한 양국의 관계서적을 비교 검토하면서 상세히 기술하고 있다. 예컨대 천권의 23~26번과 인권의 13~19번 항목 등이 그것으로 많은 분량을 차지하고 있다.

넷째, 일본의 문화에도 깊은 이해를 보여주고 있다. 대체로 지권의 6~31번, 인권의 1~12번 항목까지 일본의 유학·신도·불교·시문·풍속과 그밖에 여러 가지 면에 걸쳐 관심을 보여주고 있다.

다섯째, 일본의 산업과 기술에 대하여 상세히 관찰하고 있다. 그리고 그것들을 조선의 것과 비교하면서 장점은 도입해야 한다고 주장하였다. 지권의 26~31번과 인권의 4번 항목이 그것들이다. 그는 일본의 물산의 풍부함에 대해 감탄과 함께 두려움을 표시하는 한편 일본의 기술적인 측면에서의 발전된 부분에 대해서는 실학적인 관점에서 깊이 있게 관찰 기술하고 있다. 특히 일본의 교량, 조선기술과 선박통제제도를 자세하게 소개하였고, 일본의 농업기술과 방식에 대해서도 조선과 그 장단점을 비교하면서 자세히 기술하였다.

5. 『화국지』의 특징과 의의

우선 생각해 볼 수 있는 것으로 18세기 후반기의 통신사행과 사행록의 일반적인 경향 속에서의 『화국지』가 차지하는 성격과 비중 문제이다. 1763년의 계미통신사행에서는 문화교류가 매우 활발하였으며, 14종이라는 사행록이 만들어졌다. 또 하나의 주목할 만한 특징은 사행록 저자의 직책과 신분이 다양해지고, 사행록의 체재나 내용도 그 이전보다 훨씬 풍부해졌다는 점이다. 계미사행 이전까지는 대개 정사·부사·종사관 등 이른바 삼사가 중심이고 그 밖에 제술관·군관 등이 있을 뿐으로 서기는 없었다. 그런데 이때는 제술관뿐만 아니라 서기 3인이 모두 사행록을 저술하였다. 원중거의 『화국지』도 그 중의 하나로서 그 체재나 내용면에서 지금까지 명사행록으로 널리 알려져 왔던 신유한의 『해유록』이나 조엄의 『해사일기』에 못지않는 것으로 판단된다.

다음으로 지적할 수 있는 것은 『화국지』가 체재나 형식면에서 독특하고 흥미있는 일본사행록이란 점을 들 수 있겠다. 『화국지』는 종래의 사행록과는 다른 독특한 체재를 취하고 있다. 우선 제목이 보통의 사행록처럼 '○○록'이나 '○○일기' 등으로 되어 있지 않고 '화국지'라고 되어 있다는 점이다. 또 그 내용도 사행의 과정을 일기체 형식으로 기술한 것 위에 '견문록'이나 '창수시문' 등을 덧붙이는 보통의 사행록과는 전혀 다른 체재를 취하고 있다. 이런 점에서 볼 때 원중거는 『화국지』를 일본사행록을 넘어서 제목 그대로 일종의 일본국지로서 저술해 보고자 하였던 것으로 생각된다.

'화국지'라는 명칭도 주목된다. 일본을 '왜(倭)'가 아니라 '화(和)'로 부르면서 '화국지'로 서명을 정한 것은 조선시대 유일한 사례이다. 원중거가 주자성리학자로서의 정체성을 유지하면서도 일본사행 후에 문화상대주의적 입장에서 객관적 인식을 하였음을 보여주는 증거이다.

원중거는 『화국지』를 저술하면서 주요 항목마다 해석과 논평을 첨부함으로써 단순한 정보의 나열이라는 문견록의 한계를 탈피하고자 하였다. 지식정보의 분류와 체계적 정리, 서술방식 면에서 이전의 견문록과는 차원이 다른 학문적 연구서라고 할 수 있다.

그는 서술의 원칙으로 "사물을 기록할 때는 조응(照應)을 귀하게 여기고 사물을 논할 때는 핵실(覈實)을 중시한다."라고 제시했는데, 이것은 수필이나 만록류가 아니라 확실한 지식을 추구하려는 태도이다. 이를 위해 조선과 일본의 문헌을 다수 참조해 서술하였고, 사료비판을 하였다. 또 서술에 유기적 연관성을 부여함으로써 일관성과 체계성을 갖추고자 했으며, 사상(事象)의 연원·유래·변화를 계기적으로 고찰하는 태도, 즉 일종의 역사주의적 접근법을 사용하였다. 마지막으로 실학적 문제의식하에 일본의 사회와 경제의 현황과 원리를 구조적으로 파악하고자 하였다. 예컨대 종수·기용·농작·잠직·도로·교량·주즙·부세 등의 항목이 그것인데, 당시 조선에서 유행한 고증학 학풍과도 연관이 있다고 여겨진다. 그리고 실학자들에게 해양에 대해서도 지적인 자극을 제공하였다는 점도 빠트릴 수 없다. 그는 일본의 선박기술과 해로 등에 대해 깊은 관심을 가지고 서술하는 한편으로 조선의 해금정책(海禁政策)의 폐해 등에 대해 신랄하게 비판하였다. 『화국지』의 마지막에는 조선후기 해양활동을 한 이순신·제만춘·안용복에 대한 전기를 붙인 점도 주목된다.

이와 같은 방법으로 원중거는 뚜렷한 주제의식하에 자료를 조사하고 사료비판을 하면서 최종적으로 자신의 견해와 평가를 함으로써 완성도 높은 연구서로 서술하였다. 이전에도 이익과 안정복 같은 실학자가 학술적 접근을 한 사례도 있지만 단편적이고 체계성이 떨어진다. 특히 주체적 문제의식이 전권을 통해 일관되어 있는 점, 주요항목마다 안설(按說)을 통해 자신의 평가와 입장을 밝혔다는 점에서 단순한 정보나

자료 소개를 넘어서는 저작으로서의 가치를 지니고 있다. 이 점 후술하는 이덕무의 『청령국지』와 구별되는 점이기도 하다. 『화국지』의 이러한 학적 성취에 대해 정훈식은 "이 시기 일본학에 대한 학적 관심은 마치 연행록을 통해 중국학의 기원이라고 할 수 있는 '북학(北學)'이 형성되었듯이 '일본학'의 맹아적 모습을 띠고 있다."고 평하였다.[14] 박희병은 한걸음 더 나아가 "일본에 대한 종합적 연구를 하나의 학문영역으로 정초해냈다는 점에서 '일본학'으로 규정할 수 있다."고 평가하면서, 당시 일본 국외에서 이루어진 일본 연구로는 아마도 세계 최고수준일 것이라고 추정하였다.[15] 시기적으로 조금 뒤지만 19세기 전반 독일인 시볼트(Philip F. Siebold, 1796~1866)가 저술한 『일본(NIPPON)』(20권)을 비롯해 서양인에 의한 높은 수준의 일본연구서가 있고 널리 알려져 있다.[16] 그러나 필자가 볼 때 『화국지』는 결코 이들 서적에 뒤지지 않으며 각기 장단점이 있다고 볼 수 있다. 이것들에 대한 비교검토도 좋은 연구과제이다.

---

14 정훈식, 「조선후기 통신사행록 소재 견문록의 전개 양상」, 『한국문학논총』 50, 2008.
15 박희병, 「조선의 일본학 성립 – 원중거와 이덕무」, 『한국문화』 61, 2013.
16 이에 관해서는 하우봉, 「19세기초 조선과 유럽의 만남」, 『사학연구』 90, 2008 참조.

제4장

원중거의 일본인식

1. 일본인과 민족에 대한 인식

원중거의 일본민족관은 주자학적 세계관 속에 일본을 이적시하는 조선의 전통적인 일본관과는 다른 독특한 측면을 지니고 있다. 물론 그는 충실한 주자학자로서 일본에 대해서는 기본적인 화이관을 가지고 있었지만 사행 시 일본인을 직접 접하고 난 후 그것이 지니는 자기폐쇄성과 비현실성을 자각하면서 일본이적관에서 벗어나고자 하였다.

즉, 그는 "일본에는 총명하고 영수한 사람들이 많은데 진정을 토로하고 심금을 명백히 하며 시문과 필어도 모두 귀히 여길 만해서 버릴 수 없다. 그런데 우리나라 사람들은 오랑캐라고 무시하며 언뜻 보고 나무라며 헐뜯기를 좋아한다."[1]고 하면서 단순한 이적관에서 탈피해 그 실질을 보아야 한다고 주장하였다. 또 사행을 마치고 총체적으로 감상을 기술하였는데,

> "어떤 사람은 혹 말하기를 '그들과 더불어 어찌 인의를 족히 말할 수 있는가'라고 한다. 그러나 이는 크게 틀린 말이다. 둥근 머리와 모난 발(圓頭方足)을 하고 있어도 우리와 똑같이 눈으로 보고 귀로 듣는다. 어찌 우리만이 독특한 오

---

1 『청비록』 권1 「겸가당」

기(五氣)와 오성(五性)을 가져서 그들과 다르겠는가? 하물며 그들의 총명하고 전정(專靜)함과 의를 사모하고 선을 좋아하는 것, 자신의 일과 직업에 근면하고 몰두하는 점 등에 있어서는 나는 오히려 우리나라 사람이 그들에게 흠잡히지 않을까 두렵다."[2]

라고 하면서 우리와의 동질성을 강조하고 나아가 일본인의 장점을 기탄없이 인정하였다.

한편 원중거는 본주인과 대마인에 대해서 뚜렷한 구분의식을 지니고 있었는데 이점 그의 일본인관에 있어서 또 하나의 특징이다.

그는 『승사록』의 곳곳에서 '마만배(馬蠻輩)', '마만자횡(馬蠻恣橫)'이라고 표현하여 대마도인에 대해서는 이적관과 함께 강한 혐오감을 표현하였다. 심지어는 '충어조수지악(蟲魚鳥獸之惡)'이라고도 표현하였다. 『화국지』 천권 「풍속」에서 "대마도는 오랑캐로서 문화가 없으며 교룡·이무기와 같이 산다. 몸집이 건장하고 장대하여 내국인과는 전혀 다르다."라고 하였을 뿐만 아니라 "내국인들이 항상 대마도를 만이(蠻夷)라고 부르며 사람 축에 같이 끼워주지 않는다."고 본주인과의 구분의식을 뚜렷이 하였다. 또 대마도인들이 조선과 일본 사이에 갖은 농간을 부리며 이익을 취하는 사례를 자세히 서술한 뒤 "대마도의 풍속은 흉험하고 비루하다. 우리나라와 접해서 왜관에 출입하는 자는 모두 대마도인이다. 우리나라 사람들은 마왜(馬倭)를 가리켜 왜인(倭人)이라 하는

---

2 『승사록』 권4 갑신년 6월 14일조

데 실은 그 풍속을 잘 모르기 때문으로 내국인과는 전혀 다르다."라고 하였다. 원중거의 이와 같은 대마도인관은 주로 사행 중의 체험에서 기인했다고 보인다. 그는 대마도인이 양국 사이에서 부산 왜관의 통사배와 짜고 이익을 취하는 행위를 누누이 비판하였고, 사행 시에 있어서도 대마도인의 행위에 대해 깊은 불신감을 지니고 있었다. 심지어는 대마도를 '조선과 일본 양국의 적'이라고까지 하였다.

본주인과 대마도인에 대한 엄격한 구분과 일본이적관의 청산이라는 독특한 원중거의 일본인관은 『화국지』와 『승사록』의 곳곳에서 피력되어 있지만 그러한 단편적인 인상을 종합한 총론적인 일본인관이 『화국지』의 인물조에 있다. 아주 흥미롭고 격조높은 일본인론이라고 여겨지는 내용이다.

"(일본인은) 인물됨이 부드러우면서도 능히 굳세고, 굳세지만 또한 능히 유구하지 못하다. 약하면서도 능히 참고, 참을성이 있지만 또한 능히 떨쳐 일어나지 못한다. 총명하지만 식견이 치우쳐 있고, 예민하지만 기상이 좁다. 능히 겸손하면서도 남에게 양보하지 못하고, 능히 베풀면서도 남을 포용하지는 못한다. 새로운 것을 좋아하고 기이한 것을 숭상한다. 가까운 사람을 반기면서도 먼 사람은 돌보지 않는다. 조용한 곳을 즐기고 떼지어 살기를 싫어한다. 본업에 만족하며 자신의 분수를 기꺼이 지킨다. 한번 정해진 규칙을 지키되 감히 한 치도 더 나가거나 물러서지 않는다. 자기의 노력으로 먹되 티끌 하나라도 주거나 받지 않는다. 대개 이는 부인이나 여자의 태도로서 침착하거나 굳세거나 세차게 일어나는 풍모가 없다. 기계장치나 진기한 완구, 채색되고 교묘하게 아로새긴 공간 등에 몰두하지만 부지런히 일하며 나태하지 않다. 오로지 하고 어수선함이 없어 종일 똑바로 앉아서도 게으름을 탐하거나 하품하는 기색이 없다. 사고가 나면 혹 밤이 되도록 자지 않고 항상 스스로 경계한다. 일을 만나면 힘을 하나로 합쳐 각자 극진히 하면서 절대로 남에게 책임을 전가하거나 시기 질투하는 습관이 없다. 그런 까닭으로 인황(人皇)이 이것을 이용하여 태평한 정치를 이루었고, 히데요시(秀吉)가 이를 이용하여 천하에 막강한 구적(寇賊)을 만들었다. 이에야스(家康)가 이들을 부림에 이르러서는 또한 각기 정해진 분수를 지켜서 고요하고 소란이 없었다. 만일 두터운 덕과 넓은 도량을 가진 자가 있어 몸소 실천하면서 이끌어 나간다면 안정된 정치는 손바닥을 움직이는 것처럼 쉽게 이루어질 것이다."[3]

이어 원중거는 일본인들의 의식생활에서의 검소함과 근면성을 지적하면서 이 점에서는 천하에서 일본만한 곳이 없을 것이라고 하였다. 또 신체상의 특징, 목욕 등 청결함, 정리정돈하는 습성, 체질과 품성의 맑음 등을 소개하면서 이는 태양과 가까운 지세의 영향도 있을 것이라고 하였다. 그러면서도 "맑음이 너무 승해서 탁함이 적고, 혼(魂)은 여유가 있으나 백(魄)이 부족한 까닭으로 중화로 나아가지 못한다."라고 기질적인 한계성을 지적하였다. 그리고 당시의 조혼의 관습 등으로 인해 일본의 인구가 날로 번성하여 사람이 물고기처럼 많은데, 비록 의식생활을 절약해도 그 생산되는 곡물로는 충분히 먹일 수 없다고 하면서 당시

---

3 『화국지』 천권 「인물」

일본의 경제적 번성이 오래가지 못할 것이라고 예상하기도 하였다.

　이상 지금으로부터 약 250년 전의 일본인을 묘사한 것이지만 오늘날에 적용해도 별 틀림이 없을 정도로 타당성을 지니고 있는 논의라고 생각된다. 조선시대의 일본인론으로서는 가장 자세하고 구체적이며, 그리고 객관적이다. 이른바 일본이적관을 청산한 위에 일본인의 장점을 높이 평가하였고, 동시에 한계성을 지적하였다.

　원중거의 일본인관의 또 하나의 특색은 일본인의 성격이 개인적으로 보면 순하고 유약하다는 평가이다. 이는 이 인물조 외에도 여러 곳에서 지적되고 있다. 예컨대 『승사록』 권2 갑신년 3월 10일조에서도 "우리나라 사람들은 흔히 대마도인과 내국인을 구분하지 않고 왜인이라고 하며 사납고 독하다고 하는데 실은 그렇지 않다. 국내인은 품기(稟氣)가 유약하고 습속이 외근(畏謹)하여 그 풍속으로 말한다면 오히려 순하며 착하다고 할 수 있다."라고 하였다. 또 그는 일본인의 기질에 관해 기존의 '지독지랑설(至毒至狼說)'을 부정하면서 대마인이 조선을 위협하기 위해 과장해서 퍼뜨린 것이라고 지적하였다. 이러한 견해는 전통적인 조선인의 일본인관 즉, '교사(狡詐)'·'용맹'·'경생호살(輕生好殺)' 등의 이미지와는 크게 다르다. 원중거는 이에 대해 기존의 일본인관은 임진왜란 당시에 형성된 것이며 그것도 대부분 대마도인에 대한 관념으로서, 도쿠가와막부의 출범 이래 160여 년이 지난 지금의 일본인들은 크게 달라졌다고 설명하였다. 『화국지』 천권 「풍속」에서는 도쿠가와막부가 200여 년간 승평한 이유가 이에야스의 능력 때문만이 아니라 일본인들의 성격이 유약하고 오랜 전란 끝에 평화를 원했기 때문이라고 설명하였으며, 「관백지치(關白之治)」에서도 이에야스의 통치를 좋게 평가하면서 당시 일본인의 습성이 유순하게 변했다고 하였다. 실제 원중거가 사행했을 당시의 일본은 평화를 구가하고 있던 시기였다. 또 그가 접했던 인사들은 거의 대부분이 유학자와 문사, 승려 등 글을 다루는 사람들이었고, 정도의 차이는 있지만 조선의 문화에 관심과 존숭의 염을 가진 무리들이었다. 이들과 교류하면서 기왕의 일본인관을 수정한 것으로 보인다. 필담창화를 할 때 일본인들의 공손한 태도와 성의를 다해 대답하는 태도를 보고 원중거는 "부드럽고 인자하여 부녀자들의 어짐이 있다."고까지 하였다.[4] 원중거의 이러한 견해는 자신의 체험에서 나온 것이지만, 실제 오늘날 일본인을 개인적으로 접할 때 누구라도 처음 느낄 수 있는 감정이다. 또 일본인들의 집단적 순응성과 단결성을 들면서 지도자로서 '통치하기 쉬운 백성'이며 유사시에 무섭게 변할 수 있는 가능성이 있다는 지적도 동감이 가는 설명이다.

루스 베네딕트가 『국화와 칼』에서 일본인들이 국화를 가꾸는 섬세하고 여린 성품과 공격적이고 사나운 측면을 공유하고 있다고 하면서 그 성격의 양면성을 지적한 바 있다. 왜구와 임진왜란을 겪은 조선인들의 전통적인 일본인관에는 주로 '칼'적인 측면이 정착되었다면, 원중거는 '국화'적인 측면을 강조한 것처럼 보인다.

원중거의 이러한 관념은 사행 중의 제한된 체험에서 나온 결론으로 전체적인 일본인상으로 일반화하기에는 문제가 없지 않다. 그렇다고

---

4 『승사록』 권4 갑신년 6월 14일조

해서 임란 이후 침략자와 약탈자로서의 고정관념화된 일본인관이 당시에도 그대로 정확하다고 할 수도 없을 것이다. 어느 것이나 일면적이라고 할 수 있지만 원중거의 일본인관은 주목할 만하며 나름대로의 충분한 의의를 지니고 있다. 임란 후 150여 년간에 걸친 선린외교와 통신사행을 통한 문화교류의 효과라고 할 수도 있겠다.

2. 일본의 정치와 사회에 관한 인식

1) 정치에 대한 관념

일본의 정치에 관해서는 『화국지』에 11항목에 걸쳐 서술되어 있는데, 주된 내용은 일본 정치권력관계의 핵심인 천황과 막부장군에 대한 것이다.

가) 천황과 조정

원중거는 당시 천황이 비록 실권은 없지만 자연법적 관념이나 법제적인 면에서 최고통치자이며 일본신도의 최고사제로서 막부가 함부로 할 수 없는 권위를 가지고 있는 점을 간파하였다. 동시에 도쿠가와 이에야스(德川家康)가 품계는 종1위요, 직은 우정대신(右政大臣), 임(任)은 정이대장군(征夷大將軍)이라고 함으로써 막부장군이 일본국내에서 왕이 아니라 형식상 천황의 신하임을 확인하였다. 이에 따라 원중거는 『화국지』 천권 「풍속」, 「왜황본말(倭皇本末)」, 「위연호(僞年號)」와 인권 「왜황

관직(倭皇官職)」에서 천황의 기원·
연혁·역사·연호·직사·즉위의식·
계승방식·막부 및 다이묘(大名)들과
의 혼인관계·경제적 기반·종실·신
불의 습합·조정의 구성·히데요시와
이에야스의 대천황정책·교토(京都)의
지세·유학자들의 반막부적 태도 등
천황과 조정에 대해 자세히 서술하

도쿠가와 이에야스(德川家康)

였다. 위의 기사는 아마도 통신사행원의 사행록 중에는 가장 풍부한 기
록이라고 보인다. 도쿠가와막부시대의 천황은 대내적으로나 대외적으
로 거의 권한이 없었다. 통신사행이 교토를 통과하였음에도 불구하고
천황 및 조정과는 일절 행사가 없었다. 막부에 의해 철저하게 봉쇄되었
던 것이다. 이에 따라 통신사행원들은 천황과 조정에 대해 별다른 관심
을 기울이지 않았고, 그에 대한 지식도 조선전기『해동제국기』의 수준
을 크게 넘어서지 못하였다. 또 통신사행원을 비롯한 조선후기 관료계
층의 일본천황에 대한 관념은 거의 대부분 '천황허위론(天皇虛位論)'이라
고 할 수 있다.[5] 원중거도 기본적으로는 '천황허위관'에 바탕을 두었지
만 그 잠재력과 가능성에 대해서 기존의 사행원들과 달리 보았다. 따라
서 천황에 대해 나름대로의 깊이 있는 연구를 하였다고 여겨진다. 특히
주목되는 점은 「왜황본말」과 「왜황관직」에 나오는 '서관백(西關白)'에

---

5   三宅英利, 「近世朝鮮官人の日本天皇觀」, 『鎖國日本と國際交流』 上卷, 1987, 吉川弘文館

대한 기사이다. 원중거는 조정에는 서관백이 있어 조회(朝會)의 의례를 주관하고 백관을 통솔하는데 직위는 동관백보다도 높다고 하였다. 그러나 서관백의 국정에 대한 권한은 전례를 준수하는 것뿐으로 실권은 없다는 사실도 말하였다. 여기서 말하는 서관백은 조정의 태정대신(太政大臣)이고, 동관백은 막부장군이다. 무가막부체제에서 형해화한 율령체제하의 태정대신이 실권 없는 허수아비나 마찬가지라는 것은 주지의 사실이지만, 대부분의 조선인들은 그 존재마저 모르고 있었다.

천황에 대해 자세한 기술을 남긴 이유는 일본의 권력구조와 당시의 정치정세에 대한 원중거 나름의 독특한 인식이 있었기 때문이다. 즉,

"왜인이 존숭하는 바는 첫째 신도이고 둘째 불교이며 셋째가 문장인데, 이 모두를 왜경(倭京)이 전단하고 있다. 그래서 천황의 권력이 비록 옮겨졌지만 (교토 사람들이) 모두 긍지를 가지고 있어 에도나 제주(諸州)와 같이 하려고 하지 않으며, 그 기강과 명분을 바탕으로 유지하고 있으므로 나라사람들이 모두 존경하고 섬기며 비굴하다고 여기지 않는다. 만일 밝은 군주와 현명한 신하가 나와 지금의 구조를 바꾸어 권세와 기강을 잡아 제후를 제어하면 한 귀퉁이에 있는 무주(武州 : 江戶幕府)는 스스로를 돌보기에도 바쁠 것이다. 그런 까닭으로 나라사람들이 아직 헤이안(平安 : 京都)에 희망을 가지고 있다."[6]

라고 하였다. 또 그는 천황가의 종실들이 교토고잔(京都五山)의 주지가

6 『화국지』 천권 「풍속」

되어 전국 불교의 권세를 장악하고 있는 점에 주목하였고, 천황이 실권한 이후 각 주 다이묘들에 대한 통제권은 없지만 고명은 반드시 직접 준다는 사실도 지적하였다.

원중거는 당시 조정의 힘과 교토인(京都人)들에 대해서는 부정적으로 평가했지만 그 잠재력과 변화의 가능성을 조심스럽게 전망하였다.[7] 이점 원중거의 정확한 관찰이고 그에 바탕한 전망은 탁견이라 할 만하다.

나) 막부장군과 막번체제

일본의 국내외적 실권을 장악하고 조선국왕의 외교상대역을 담당하는 존재는 막부장군인 만큼 주목하는 것은 당연하다. 원중거는 우선 『화국지』 천권 「관백지시(關白之始)」에서 관백의 기원과 역사에 대해 소개하였다. 즉 미나모토 요리토모(源賴朝) 이후 사실상 내전상태에서 무력으로 나라를 장악하는 자가 무가막부(武家幕府)를 설치하여 '관백'이 된다고 하면서 국내의 실권을 장악, 춘추시대 '패주(霸主)의 예'와 같이 모셔진다고 설명하였다. 이러한 전국시대(戰國時代)를 히데요시가 통일했고 이에야스가 이어받아 마침내 평화시대를 이루었다고 하였다. 이후 '관백'으로서 스사노오 미고토(素盞烏尊)·일본무존(日本武尊)·다히라 노부나가(平信長)·미나모토 요리토모(源賴朝)·도요토미 히데요시(豊臣秀吉) 등을 각각 별도의 항목으로 소개하였고,[8] 도쿠가와막부시대에 관해

---

7 『화국지』 천권 「풍속」

8 그런데 여기에는 오류가 있다. 소잔오존(素盞烏尊)과 일본무존(日本武尊)은 고대 신화시대의 인물로서 무가막부와는 관계가 없고, 또 원기경(源基經) 이래 풍신수길(豊臣秀吉) 시대까지를

서는 「무주본말(武州本末)」에서 이에야스의 막부 창설과정과 사행 당시의 10대 장군 이에하루(家治)까지 역대 장군의 행적을 상술하였다.

이어 원중거는 『화국지』 지권 「관백종실록(關白宗室錄)」, 「각주성부(各州城府)」, 「각주관소(各州關所)」, 「각주씨족식읍총록(各州氏族食邑總錄)」, 「무주내관직(武州內官職)」 등에서 막번체제의 구조('立國之大略')에 관해 아주 상세하게 서술하였다.

그 내용을 간략히 소개해 보면 「관백종실록」에서 고산케(御三家)를 비롯한 관백종실가의 세계·위치·녹읍 등이, 「각주성부」에서는 전국의 성부(城府)에 대해 8도 66주별로 나누어 다이묘의 세계·직위·녹읍·식읍·참근교대의 방식과 전임자와 현직의 이름, 그밖에 대마도·일기도·하이도 등 제도(諸島), 장군직할령(關白私藏) 10개소 등이 서술되어 있다. 「각주관소」에서는 중요한 군사기밀인 전국의 관소 41개소와 관장하는 다이묘의 이름, 「각주씨족식읍총록」에서는 주요 다이묘 127씨에 초점을 맞추어 가계·식읍·성부의 분포와 위치 등이 각각 기술되어 있다. 「무주내관직」에서는 내직·잡직·외직·내궁 등 4부문으로 나누어 서술하였다. ① 내직으로 로쥬(老中)를 비롯한 막각 내 66명색의 관직과 소속직원수·선발방법, ② 잡직으로 각종 부교(奉行) 등 잡역인의 관직명과 인원수, ③ 외직으로 교토어소사대(京都御所司代) 등 막부직할령의 관직과 구성, ④ 내궁으로 세자궁(若君樣)과 내궁(西御丸)의 관직을

'전국시대(戰國時代)'로 간주하여 가마쿠라막부(鎌倉幕府)와 무로마치막부 시대를 취급하는 것은 오늘날 일본사의 통설과는 맞지 않는다. 특히 조선전기 조선국왕과 대등외교를 하였던 무로마치막부를 전혀 언급하지 않은 것은 무슨 이유인지 잘 이해가 되지 않는다.

각각 상술하였다. 그 안에서도 나라를 움직이는 권요직책은 26개라고 하면서 그 관직의 명칭·인원수·시임자 등에 대해 소개하였다. 원중거는 막부 내의 관직과 주요외직에 대해 상술한 까닭에 대해, 이를 통해서 그 나라의 전체구조를 알 수 있기 때문이라고 하였다. 또 전국의 다이묘과 성부에 대해 상세히 소개한 것은 비록 도쿠가와막부가 통일했다고 하지만 일본은 지방분권적 체제로서 조선의 군현제도와 다르기 때문이라고 하였다.

그러면 원중거는 어떤 자료를 바탕으로 막번체제의 전체구조를 소상히 밝힐 수 있었을까?

서술내용이 일본의 국가기밀에 해당되기 때문이라서 그런지 여기에는 참고자료와 서술방법이 명시되어 있지 않다. 그러나 내용상으로 볼 때 일본의 『무감(武鑑)』을 보고 정리하였다고 생각된다. 『무감』은 에도시대 다이묘 제가(諸家)와 막부 제 관리들의 씨명·계보·관위·직무·석고(石高)·참근어가(參覲御暇)·가문(家紋) 등을 수록한 무가의 명감(名鑑)이다. 전국시대에 기원이 있다고 하나 에도시대에 들어와 민간출판사에서 편집·출판되면서 내용이 다채로워졌다고 한다. 대표적인 것으로는 1687년의 『본조무감(本朝武鑑)』, 1712년의 『정덕무감(正德武鑑)』을 거쳐 1764년에 『명화무감(明和武鑑)』이 출판되었다. 무감은 수록항목이 200개가 넘을 정도로 자세하여 당시 일본의 국내상황을 파악하는 데 제일 편리한 책이었다. 때문에 폐쇄적인 무가사회의 정보창구로서 무사와 상인들의 필수서적이 되었고, 매년 1만 부 이상이 간행되는 베스트셀러가 되었다 한다. 이러한 출판사정으로 내용상으로는 외국으로의 유출이 금지되는 사항이 많았지만 조선의 통신사행원과 같은 외국인들도 구입할 수 있었던 것 같다. 『해사일기』 권2 갑신년 2월 8일조에 보면 역관들이 일본의 '무감책자(武鑑册子)'를 보았다는 기사가 나온다. 또 남옥이 쓴 사행일기 『일관기』 동권 「관백관제」에 세주로서 "자세한 것은 무감에 나오는데 그것은 우리나라의 관안(官案)과 같다."라는 기사가 있다. 또 「서책」에는 "그 나라의 산천·요속·법제를 알려고 하면 왜한삼재도회와 무감이 제일 요긴하다."라고 되어 있다. 이로 볼 때 이 계미통신사행에서는 사행원들이 일본의 무감을 널리 보았음을 알 수 있다. 일본의 무감, 그 가운데서도 원중거가 참고한 것은 1764년에 출판된 『명화무감』으로 여겨진다. 그런데 무감을 보되 원중거 자신이 전체내용을 이해한 다음 기술순서와 방식을 나름대로 정하여 정리하였다. 그래서 서술방법과 독자들의 이해를 위한 범례를 밝혀 놓고 있으며, 또 순서도 우리나라에 가까운 서해도부터 시작하고 있다.

다음으로 원중거는 도쿠가와막부의 막번체제 운영방식에 대해서도 깊은 통찰력을 바탕으로 서술하였다.

그는 막부의 다이묘 통제방식을 에도성(江戸城)의 구조로부터 설명하였다. 에도성은 삼중성으로 구성되어 있는데 내성(內城)에는 관백, 중성(中城)에 각주 다이묘의 번저, 외성(外城)에 사신(士臣)들이 거주하고 그 외곽지역에 상공서인(商工庶人)들이 거주한다고 소개하였다. 이어 그는 참근교대(參勤交代)제도와 각 주의 에도번저를 연관시키며 사실상 각 주의 다이묘들을 인질화하는 방식이라고 하여 막부의 엄격한 다이묘 통제방법을 예리하게 지적하였다. 또 막부의 천황과의 관계정립과, 서경과 오사카성에 대한 통제방식을 소개하고, 주요지역을 친번(親藩)으로 하여 직접 통치하면서 경제적 기반을 확고히 했다고 설명하였다. 그러한 친번과 식읍을 바탕으로 각주로부터 세금을 걷지 않고 경제적인 독립성을 인정해주어 일본 국내가 평안하게 되었다고 하였다.

이와 같은 원중거의 인식은 상당히 정확한 것으로 막번체제의 구조와 운영방식의 핵심을 이해하고 있다고 해도 과언이 아니다.

이러한 도쿠가와막부의 통치에 대한 원중거의 평가는 어떠하였을까?

그는 도쿠가와막부의 통치방식에 대해 '그 첫째는 무력이요, 둘째는 법률, 셋째는 지략, 넷째는 은의'라고 하였다. 또 '인의·예악·문장·정사'가 하나 없이도 200여 년간 승평할 수 있는 이유는 막부의 간결함과 검소함, 공손함 위에 또 국민들이 유약하고 수백 년간의 전쟁을 겪은 후 평화를 원하기 때문이라고 보았다.[9] 「무주본말」에서도 "전체맥락과 분포를 보면 조례와 관행이 정돈되고 엄밀하며, 누세동안 덕을 잃지 않고 스스로 공손함과 검소함을 지켜온 까닭으로 국내가 안정되고 내전이 일어나지 않았다."라고 평하였다. 대체적으로 막부의 통치와 당시 상황에 대해 긍정적으로 평가하였고, 안정의 원인으로 행정의 일관성과 막부의 공검성(恭儉性)을 들었다.

---

9 「화국지」 천권 「풍속」
  그는 또 도쿠가와막부의 궁성이 검약하고 장군도 검소한 데 비해, 오사카와 교토(倭京)는 사치스러우며 에도에 있는 다이묘들의 저택은 아주 화려하다고 하였다.

다) 상호관계 및 전망

원중거는 전반적으로 막번체제의 안정성을 인정하였지만 잠복되어 있는 불안요인을 지적하면서 그 장래에 대해서는 불투명하게 전망하였다. 그래서 형법과 무력에 의해 운용되는 막번체제가 만일 위기상황에 처하면 토붕지세로 무너질 수도 있을 것이라고 예측하였다.[10]

원중거가 본 도쿠가와막부의 위기요인은 반막부적인 지방세력과, 명분론의 고양에 따른 '존왕운동(尊王運動)' 가능성의 두 가지였다.

첫째, 그는 사쓰마주(薩摩州) 등 과거 친히데요시세력이었던 유력 다이묘에 대해 이에야스가 혼인정책으로 타협함으로써 표면상 평화로운 관계를 유지하고 있지만 유사시 그들이 반막부세력으로 바뀌어 나라가 분열될 가능성을 내다보았다.[11]

둘째, 일본의 문운(文運)이 날로 번성함에 따라 국민들이 의리를 깨닫게 될 것이고, 이것이 존왕운동으로 연결될 것으로 예상하였다. 즉, "(천황이) 비록 실권을 잃었지만 만 년 동안 한 성을 유지하면서 나쁜 일을 하지 않았다. 또 군신의 명분은 천지 간의 정해진 자리로서 수천 년간 찬탈하고자 하는 시도는 없었다. 에도의 정치가 혹 어지러워지면 명분론자들이 여러 주에서 일어나 천황을 끼고 쟁탈하고자 하는 일이 다시 나오지 않을지 어찌 알겠는가. 그래서 일본 국내에 혼란이 오면 변방의 간민(奸民)들이 기회를 틈타 우리나라를 침략해 올 것이니 식견 있는 자

---

10 『화국지』 천권 「무주본말」
11 『화국지』 천권 「풍속」

는 마땅히 알아서 대비해야 할 것이다."라고 하였다.[12]

막부와 천황의 상호관계에 대해 원중거는 히데요시의 천황 억압책에 비해 이에야스의 화친책을 평가하였고, 또 당시 천황과 막부가 공존하고 있었지만 도쿠가와막부의 정치 여하에 따라서 존왕운동이 일어날 가능성이 충분히 있다고 보았다. 실제 1760년 당시 일본에서는 이미 '존왕척패론(尊王斥覇論)'을 주장해 처벌된 사례가 두 차례나 있었다. 또 모토오리 노부나가(本居宣長)·히라다 아츠다네(平田篤胤) 등 국학자들에 의해 '천황친정(天皇親政)'을 주안으로 하는 본격적인 존왕론이 전개되고 있었다. 따라서 이 시기는 막번체제의 모순에 대한 의식과 대의명분론 실천으로의 모색이 시작되는 단계이기도 하였다. 그런데 원중거가 이들 사건이나 일본의 국학에 대해 언급한 바가 전혀 없는 것으로 보아 이러한 일본국내에서의 움직임에 대해 알고 있었던 것 같지는 않다.

이상 원중거의 막번체제의 위기적 요인과 그에 따른 전망은 아주 예리한 바 있다. 그의 논평을 보면 유가로서의 명분론과 무가 및 법가에 대한 근원적인 반발감이 느껴지기도 하지만 전체적으로 당시 막부와 다이묘들의 세력관계와 성향을 정확하게 파악하고 있었다. 또 결과적으로 보면 막부말기 존왕토막운동 당시의 세력구도를 정확하게 예언한 셈이다.

---

12 『화국지』 천권 「왜황본말」

2) 경제에 대한 관념

일본의 경제에 대해 원중거는 『화국지』 천권의 「풍속」, 지권의 「종수(種樹)」·「기용(器用)」·「농작(農作)」·「잠직(蠶織)」·「화폐」·「도로」·「주즙」·인권의 「부세」 등에서 주로 소개하였다. 경제 분야는 서술분량도 상대적으로 적고 아주 뛰어난 요소는 보이지 않는다. 그러나 일본의 농업과 상업, 교통 문제 등에 대해 실용적 관점에서 자세히 관찰하였다는 점에서 기존 사행록들보다 관심의 범위가 넓다. 또 그는 나가사키(長崎)를 중심으로 하는 일본의 대외무역과 교역국인 아란타(阿蘭陀)에 대해서도 깊은 관심을 보여주고 있다.

원중거는 당시의 일본경제의 발전상에 대해 감탄하면서 그 장점에 대해 허심탄회하게 살피고자 하였다. 그는 사행 시 관찰한 일본의 경제상에 대해 "에도까지 천리를 왕래하는데 명도(名都)와 대읍(大邑)이 아닌 곳이 없었다."라고 하면서 에도·오사카·교토·나고야 등 대도시의 발전상을 지적하였다.[13] 또 국내 상업의 활발함과 함께 남만제국과의 교역에 의해 경제력이 풍부하다고 소개하였다.

다음으로 그는 일본의 토지사용과 농사방식의 효율성, 그리고 생산성을 높이 평가하였다. 「농작」에서 그는 일본의 수전(水田)과 한전(旱田)의 구성, 경작방식과 농작물 등에 대해 우리나라의 그것과 비교하며 상세히 소개하면서 일본의 농업방식이 아주 정밀하여 생산성과 효율성이 많다고 평하였다. 「종수」에서는 가로수와 나무 심는 방법 등을 소개

---

13 『승사록』 권3 갑신년 3월 28일조

했는데 일본이 토지를 효율적으로 사용한 결과 목재가 아주 풍부하다고 하였다. 이에 대해서는 자신이 성남에서 나무를 길러 생계를 유지했던 적이 있는 만큼 상당히 전문적인 견해를 보여주었다. 「잠직」에서는 면직과 잠직의 운영방식·염색방법·세침법 등 세밀하게 관찰하였고, 면화가 전국적으로 재배된다고 하여 18세기 후반 단계에서 일본의 목면산업이 상당히 발전하고 있음을 전하였다. 또 농촌에서 잠직과 농업을 겸업하는 방식을 우리나라와 비교하면서 일본인의 근면성과 농업의 효율성을 재차 강조하였다.

일본의 교통문제에 대해서도 원중거는 깊은 관심을 가지고 관찰하였다. 「도로」에서는 왕래 중 견문한 바 도로의 모양·규모·표시·가로수와 독특한 도로수치제도 등에 대해 서술하면서 "도로의 수축만이 아니라 운영방식도 나태하지 않다."고 평하였다. 「교량」에서는 일본의 삼도(三都)를 비롯한 대도시들이 모두 다리가 발전하였음에 주목하였다. 다리의 종류는 석량교가 대부분인 우리나라와 달리 목가교이며, 급류에는 주교(舟橋)를 설치한다고 하였다. 일본에 교량이 발전한 이유는 시내에 강과 하수구가 있다는 점과 물의 흐름이 평완하기 때문이라고 하

누선

였다. 교량의 운영방식('橋梁修治法')도 도로관리방식('治道之法')과 같이 각 주에서 책임지고 관장하되, 큰 다리는 막부에서 관할한다고 하였다. 「주즙」에서는 해상교통과 선박관리에 대해 상술하였다. 즉 일본의 선박관리체제가 오사카의 후네부교(船奉行)가 통일적으로 관장하고 있다는 점을 밝히고, 선박의 제조 및 운행방법과 비선(飛船)·전선(戰船)·누선(樓船)의 구조와 성능 등에 대해 우리나라의 그것과 비교하면서 세밀하게 관찰하였다. 그는 또 오사카에서 수운(水運)의 발전에 대해 상세히 살피며 분석하면서 오사카의 경제가 발전한 요인이라고 평가하였다. 이에 비해 산에 둘러싸인 에도는 군사요새도시로 발전하였다고 보았다. 일본의 도시와 지형의 연관성을 실용적 시각에서 객관적으로 분석하였다. 종합적으로 주즙의 정교함은 천하에 일본만한 데가 없다고 평하면서 그 이유는 지형이 가늘고 길며 사면이 바다라는 지형적 조건과 일본들의 섬세하고 정밀한 성격 때문이라고 하였다.

한편 원중거는 대마도에서 고구마를 재배하는 현장을 본 후 고구마 재배법에 대해 조엄보다 더 상세하게 기술하였다.[14]

원중거의 경제관은 농업에 대해서는 세밀한 관찰력을 보여주고 있는 데 비해, 해외무역과 상공업 등에 대한 이해는 부족한 듯하며 소박한 측면이 있다. 예를 들면 인삼 종자와 재배법을 일본에 넘겨주자는 주장을 들 수 있다. 일본인들이 인삼종자 구하는 데 혈안이 되어 필담 문목 중 과반수가 종자삼에 관한 것이라고 하였다. 이에 일일이 대답하

---

14 『승사록』 권1 계미년 11월 20일조

기 번거로워 원중거는 양의 이좌국과 함께 「삼보(蔘譜)」를 만들어 대답 대신 보여주었고, 호행의원인 도미노 기윤(富野義胤) 등이 이를 등사해갔다고 한다.[15] 이는 원중거의 지론이기도 하였는데, 그럼으로써 일본에서 인삼의 자급이 이루어진다면 일본의 생령을 구제할 수 있을 것이며, 우리나라에서는 인삼 품귀현상이 줄어들어 가난한 사람도 약으로 쓸 수 있고 밀무역의 폐도 줄일 수 있다고 하였다.[16] 원중거의 이러한 견해는 인삼의 밀무역, 예단삼 마련의 어려움 등 폐단과 정치·인도적인 차원에서의 소박한 명분론적 사고방식에서 나온 것이었다. 인삼이 우리나라의 주요수출품으로서 그것이 만일 일본에서 자급된다면 무역상 어떤 효과를 가져올지에 대한 고려는 별로 보이지 않는다. 요컨대 국가경제 내지 대외무역에 대한 관념이 희박함을 엿볼 수 있다.

3) 사회에 대한 관념

원중거는 일본사회의 기본성격을 형벌과 법에 의해 세워졌으며 무가막부가 실권을 장악하고 행사하는 무가사회라고 인식하였다. 특히 무력과 함께 가혹한 법의 운용과 형벌을 통한 법가적 운영방식에 주목하였다. 구체적으로 『화국지』 인권 「치도(治盜)」에서는 도둑에 대한 형벌과 잡는 방법을, 「신수(訊囚)」에서는 신수법 8형과 형살의 방법 네 가지 등 죄수취조와 형벌의 방법을 상술하였고, 「노비」에서는 형벌로 인

---

15 『승사록』 권2 갑신년 3월 10일조 및 『화국지』 인권 「의약」
16 『승사록』 권2 갑신년 3월 10일조

한 노비의 충원 등을 소개하였다.

그는 또 조선과 다른 일본사회의 특징적인 사회제도나 운영방식에 대해 관심을 기울였다. 직업에 대한 제도적 차별과 사회적 인식에 있어서 조선은 사 - 농 - 공 - 상이지만 일본은 위(位) - 상 - 공 - 농이라는 대조적인 측면에 주목하였다. 즉 "일본의 풍습은 관직에 있는 자가 제일 존경받고 다음이 상인, 그 다음이 공인, 제일 아래가 농민"이라고 소개하였다.[17] 여기서 일본에서의 관위자는 무인이라는 점을 지적하고, 특히 문사들의 지위가 하류에 속한다는 점에 주목하여 일본의 무가 사회적인 성격을 강조하였다. 이와 함께 원중거는 일본사회 운영방식의 특징으로 세습제에 주목하였다. 그는 일본사회에서 위로는 관료 제후에서 아래로는 백직이예(百職吏隷)까지도 세세상습하며 농·공·상인들도 모두 그 직업을 세습한다고 하였다. 직위와 직업까지 규정하는 세습제는 전체적인 사회운영방식으로서 관습화되었다고 보았다. 원중거는 이러한 세습제에 대해 사회가 안정적으로 운영되는 장점을 인정하기도 했지만 아무리 용맹과 재주가 있는 자라도 상·공·농인의 자식으로 태어나면 그 뜻을 펴지 못한다고 하면서 그 폐쇄성을 비판하였다.[18]

이와 같은 고찰을 통해 총체적으로는 조선이 유가적 문치주의 사회인 데 비해 일본은 중국의 진(秦)나라와 비슷한 법가적 무치주의 사회로 보았다.

17 『화국지』 천권 「무주본말」
18 『화국지』 천권 「무주본말」

다음으로 일본의 풍속에 대해서 원중거는 어떻게 보았을까?

일본에 도착한 처음 그는 대마도의 풍속과 일본인의 머리모양에 대해 이질감을 느꼈다. 예컨대 아이노시마(藍島)에서 가메이 난메이(龜井南冥)를 만나 필담을 할 때 그의 깎은 머리에 대해 가벼운 설전을 주고받았으며 '재주는 있는데 아깝다.'라고 평할 정도로 이적관을 나타내었다.[19] 그러나 사행 중 일본문사들과 계속 대화하면서 일본풍속에 대해 점차 객관적으로 인식하였던 것 같다. 자신들과 교류하기를 열망하는 일본인들을 보면서 원중거는 "비록 그 복장이 해괴하고 예의범절에 밝지 못하나 풍속으로 말하자면 순하고 선량하다고 할 수 있다."고 평하였다.

의복제도나 풍속만이 아니라 의학에 대해서도 마찬가지이다. 원중거는 사행초기 일본의 의술에 대해 아주 낮게 평가하였으나,『화국지』인권「의약」에서는 일본이 중국의서와 우리나라의『동의보감』등을 다 갖추었으며 소아방은 아란타방을 수용하여 큰 효과를 보고 있다고 긍정적으로 소개하였다.[20]

원중거의 일본풍속관은『화국지』지권에 정리되어 있는데,「사례(四禮)」·「의복」·「음식」·「조욕(澡浴)」·「언어」·「배읍(拜揖)」·「여마(輿馬)」·「궁실」·「기용(器用)」·「의약」·「음식지명」·「금수」·「절목」등이 그것이다. 여기서 그는 남녀가 모두 바지를 입지 않는 점, 소식하고 차를 많

19 『승사록』권1 계미년 12월 11일조
20 『승사록』권2 갑신년 3월 10일조

이 마시는 식습관, 목욕을 좋아하는 습관, 배읍의 방식, 여마의 종류, 궁실·관가·민가의 구조와 건축방식, 그릇의 종류와 용도 등을 우리나라의 그것과 비교하면서 소개하였다. 관혼상제에서 삭발·대검·염치(染齒)·일부다처제·화장·불교식 제사 등 조선과 다른 '이국적'인 일본의 풍속에 대해 담담하고 객관적인 자세로 자세히 서술하였다.

원중거는 사행 도중 가마를 메는 일본인 여졸(興卒)들과 대화하면서 일본말을 배워 사용하기도 하였다. 고단한 긴장된 일정 속에서도 여행의 즐거움을 누리는 인간적인 면모를 보여주었다.[21]

그는 일본사회와 풍속에 대해 대체로 문화상대주의적 입장에서 이해를 하였으며 일본이적관이나 우월의식은 별로 나타내지 않았다. 일본인이 소식하고 채식을 많이 하는 이유를 설명하면서도 곡식이 귀해서라기보다는 풍습이 그러하기 때문이라고 하였고, 전체적으로 일본의 풍속이 소박하고 사치스럽지 않다고 평하였다. 그러면서도 끝에 가서는 "근세에 문풍(文風)이 침투하고 유학자들이 점차 고례(古禮)를 숭상해 개복(改服)하자는 의론이 많으니 머지않아 변화가 있을 것"이라고 희망 섞인 전망을 하였다.

원중거는 종교에 대해서도 깊은 관심을 가지고 관찰하였다.

그는 "일본의 풍속이 신도와 불교, 무력에 바탕을 두었다."[22]고 하여 일본의 풍속에서 종교가 차지하는 비중이 크다는 사실을 지적하면서

21 『승사록』 권1 갑신년 1월 30일조
22 『화국지』 천권 「중국통사정벌」

신도와 불교에 대해 상세히 기술하였다.

『화국지』 지권 「신사(神祠)」에서 일본신도의 유래와 일본인의 신국의식, 귀신을 좋아하는 풍습과 신사에서 모시는 신들의 종류 등을 서술한 뒤, 당시의 종교적 상황에 대해 "세 집뿐인 마을이라도 그 가운데서 한 집은 신궁이고, 한 집은 반드시 절이다."라고 하면서 신도의 번성함을 묘사하였다. 또 일본인들이 모든 일을 신의 작용으로 본다는 사실을 소개하고, 그들이 죽음을 숭상하는 풍속도 신도와 관련이 있으며, 천황이 수천 년을 유지해 온 것도 신도를 끼고 있기 때문이라고 보았다. 그래서 모노노베 소하쿠(物部雙栢) 같은 호걸지사도 신도는 옹호했다고 하면서 그 세력의 강성함과 연원의 뿌리 깊음을 지적하였다. 그러나 신도에 대한 원중거의 평가는 부정적이었다. 그는 일본신도의 종교적 현상에 대해 '누추한 풍속(陋俗)'이라고 하였으며, 신도를 '무풍(巫風)'으로 단정하였다. 이에 따라 원중거는 필담창수할 때 "귀국이 정주(程朱)를 존중한 연후에 성도(聖道)가 밝아지고 성도가 밝아진 연후에 신사가 폐해지며 신사를 파한 연후에 문교가 밝아지고 문교가 밝아진 연후에 교화가 행해질 것이다."라고 강조하였다. 그들 가운데 타키 쵸가이(瀧長愷)와 나바 시소(那波師曾)가 자신의 말에 동조하였다는 사실을 소개하면서 원중거는 "이제 일본의 문풍이 점차 열리니 귀신숭배의 정상이 오랑캐의 누추한 풍속이라고 간주되고 마땅히 한번 바뀌는 날이 올 것이다."라고 전망하였다.

일본의 불교에 대해서는 「불법」, 「전후입중국명승」 등에서 서술하였다.

당시 일본불교의 상황에 대해 천황으로부터 일반 촌민에 이르기까지 모두 불교를 믿으며 죽으면 절에서 재를 지낸다고 하면서 번성함을 소개하였다. 또 승려들의 관위가 높고 재력도 많아서 사원 주지의 권력은 각 주의 태수와 맞먹으며, 승려의 최고위자는 관백과 항례(抗禮)한다고 하였다. 그러나 이러한 번성과 함께 세속화한 불교에 대해 원중거는 아주 비판적이었다. 특히 귀족자녀로 승려가 된 자들은 모두 창루와 술집에 출입하고 처자를 두어 일반인과 다름없으며 불경과 법을 논하고 범패(梵唄)를 암송하는 자는 천백인 중에 하나도 없다고 하면서 "따라서 일본불교는 문교가 없을 뿐만 아니라 불법 또한 없다고 할 수 있다."고 평하였다. 또 당시의 일본불교가 신도와 습합하고 종속되는 상황을 묘사하면서 "그 부처를 섬기는 자도 불법을 즐겨하지 않고 (부처 또한 하나의) 명신(明神)으로 인식할 뿐이니 실은 신도로서 받드는 것이다."라고 통렬하게 비판하였다. 전체적으로 원중거의 일본종교에 대한 평가는 부정적이었다. 이 점 일본문화와 풍속에 대한 호의적이고 객관적인 인식과는 대조적이다. 엄격한 정주학자로서, 더구나 주자학의 교화를 사행의 목적으로 삼은 그에게 신도와 또 그것에 습합된 일본불교의 모습은 '무풍(巫風)'이고 '음사(淫祀)'일 수밖에 없었다.

3. 문화교류와 일본문화에 관한 인식

1) 문화교류

17세기 후반 이래 통신사행이 의례화되면서 문화교류라는 부수적 기능이 중시되었다. 조선정부로서도 문화교류를 통한 교화라는 명분론에 입각하여 이를 중요시하였으며, 일본의 문인과 유학자들도 대륙의 선진문화를 흡수할 수 있는 귀한 기회였기 때문에 사행원이 머무는 객관은 항상 성황을 이루었다. 계미통신사행에서도 4문사가 각기 창수한 시가 천 수에 달하였다고 할 만큼 문화교류는 활발하였다.[23] 시문창수가 원중거의 임무였던 만큼『승사록』에는 일본문사와의 필담창수가 주된 내용으로 되어 있다. 특히 그 과정과 내용, 자신의 감상이 풍부하게 기술되어 있어『승사록』은 문화교류의 실상을 아는 데 매우 중요한 자료이다.

원중거는 이들과 시문을 창수하고 필담을 나누었는데 필담시의 주제는『경국대전』·관리의 식록·경연제·과거제·교육제도·부녀재가·양자제도와 변성(變姓) 문제 등 조선의 여러 제도, 퇴계와 율곡의 학문·아동교육의 교재 등 유학, 조선의 의학과 음악 등을 비롯하여 조선의 복수 의지와 무비 상황, 관혼상제 풍속, 조선과 일본의 불교의 차이점, 일본의 주검(鑄劍)방법, 일본의 물산에 이르기까지 아주 다양하였다.

원중거는 교류에 있어서 시문창수보다 필담을 중시하였다. 우리나라

---

23 제술관 남옥은 2천 수 넘게 시를 지었다. 그가 남긴『일관시초』에는 사행 중의 자작시가 1,146수 실려있고,『일관창수』에는 일본문사들과 창화한 시가 1,149수 있어 합치면 2,300수 가까이 된다.

인사들이 필담에 대해 소홀히 하는 것에 비판하면서 시문창수를 통해 한시의 교양을 과시하는 것보다 필담을 통해 양국 간의 실정을 알고 진정한 이해를 하는 것이 유익하다고 하였다.

원중거는 일본인과 교류하는 데 가져야 할 태도에 대해서 의견을 제시하였다. 사행원들이 그들을 대할 때는 무엇보다 위의를 가지고 예의 범절에 엄정하면서도 공경된 태도로 임해야 한다고 강조하면서 "위의 장경(威儀莊敬)과 겸공예양(謙恭禮讓)이야말로 춘추시대 왕이 열국을 대하는 도리"라고 하였다.[24] 또 필담창화 자체를 폐지하지 않을 바에는 그들과 대화할 때 원수(仇)라거나, 복수(讐)같은 두 글자는 다시 거론하지 않는 것이 마땅하다고 하였다.[25] 필담할 때 일본인들의 주된 관심사항이 조선인들의 복수의지와 무비상황이라는 점을 알고 원중거는 그것이 바깥으로부터의 위협을 강조해 나라 안에서 권세를 농하려는 대마인의 농간이라고 하며, 히데요시의 무리들을 동무(東武)가 섬멸하였고 통신한 지 200여 년이 되는 지금 그런 의식은 없다고 대답하였다. 그러나 『화국지』의 내용을 볼 때 이는 구세복수설을 부정하는 것이 아니라 그들과 교류한 체험에서 필요 없는 갈등을 가져올 필요가 없다는 점을 강조한 것이다.

이와 같은 원중거의 진실한 태도에 의해 일본문사들의 그에 대한 평가도 좋았으며, 원중거 또한 문화교류의 성과에 자부심을 나타내었

---

24 『승사록』 권4 갑신년 6월 14일조
25 『승사록』 권4 갑신년 6월 14일조

다.[26] 실제 원중거는 필담과 창수를 통해 일본 측 문사들과 짙은 인간적 교감을 나누었다.

일례로 1764년 3월 11일 에도를 출발할 때 작별모습을 잠시 보자. 이때 키노시타 데이칸(木貞貫)을 비롯한 10명의 일본인 문사들은 시나가와(品川)까지 와서 원중거 일행을 환송하였다. 그들은 동해사(東海寺)에서 밤새도록 창화를 하였는데 차마 일어나지 못해 새벽닭이 세 번 울 때 비로소 파했다고 하며 이별시에는 모두 눈물을 흘렸다 한다. 특히 백제의 후예라고 하는 한천수(韓天壽)와 다이라 에이(平瑛)는 헤어진 후 서쪽을 바라보니 창자가 마디마디 찢어지는 것 같아 다시 왔다며 소나기가 오는 중에 흙발로 후지사와(藤澤)까지 따라와서 이틀 동안 같이 있었다. 14일 아침 이별할 때 그들은 눈물범벅이 되었으며 너무 울어서 소리가 나지 않을 정도였다고 한다. 여기에는 문화교류라는 외교적인 행위를 넘어서 실로 짙은 인간적인 모습이 생생하게 묘사되어 있다. 오사카와 치쿠젠주(筑前州)에서도 마찬가지로 아쉬운 이별을 하였다. 그는 또 작별할 때 타키 쵸가이(瀧長愷)가 보낸 글을 늦게나마 받아보고 그것이 사람의 정을 비창하게 한다면서 "누가 왜국에 호인이 없다고 했느냐"라고 하였다. 그러면서 다음과 같은 시를 써서 감회를 표현하였다.

"치쿠조(筑常)는 승려 가운데 백낙천(白樂天)이요

나바(那波師曾)는 나라밖의 공손교(公孫僑)로다

---

26 『승사록』 권4 갑신년 6월 14일조

타키(瀧長愷)는 해외의 중화인이요

오카다(岡田宜生)는 일본의 당시인(唐詩人)이라

나는 일본에서 이 네 사람을 얻었도다"[27]

　사행을 마무리하는 귀로의 배위에서 원중거는 에도의 명류(名流)들이 시나가와까지 와서 눈물을 뿌리며 작별한 것과 오사카의 재사(才士)들이 찻집에서 소리를 삼키며 고별한 것을 생각하며 사람의 마음을 슬프게 한다고 회상하였다. 또 추억의 인물로서 '시소(師曾)의 진실된 마음('片片赤心'), 치쿠조(筑常=大典顯常)의 이치에 맞는 말('言言理致'), 타키(瀧長愷=鶴臺)의 근후하면서 꾸밈이 없음('謹厚無外飾'), 카메이(龜井魯)의 가지런히 속마음을 드러냄('整竭輸中情')을 들면서 "바다를 격해서 서로 생각할 때 간혹 눈앞이 흐릿하다."라고 하면서 짙은 감정을 드러내었다.

2) 일본의 유학과 시문

가) 유학

　원중거는 독실한 정주학자로서 사행 시 가장 관심을 기울인 바는 일본의 유학이었다. 일본의 유학에 대한 원중거의 인식은 『화국지』 인권 「학문지인」과 「이단지설」에 잘 표현되어 있다.

　「학문지인」에서는 가마쿠라(鎌倉)·무로마치(室町)시대의 학자인 타루미 히로노부(垂水廣信), 에도시대 초기의 주자학자인 후지와라 세이카(藤

---

27 『승사록』 권4 갑신년 6월 22일조

原惺窩)와 문도, 하야시 라
잔(林羅山)과 하야시가(林
家), 키노시타 쥰앙(木下順
庵)과 문도를 중심으로
서술하였다. 그밖에 사행
시 접하거나 견문한 인물
로서 나바 시소(那波師曾)
의 선조인 나바 도엔(那波

후지와라 세이카
(藤原惺窩)

하야시 라잔
(林羅山)

道圓)과, 치쿠젠주(筑前州)의 다케다 마나오(竹田誠直)와 아들 사다나오(定
直), 오사카의 루수 토모노부(留守友信)를 소개하였다. 여기에 소개된 인
물들은 모두 일본의 주자학 발전에 공헌하였거나 혹은 주자학을 존숭
하여 이토 진사이(伊藤仁齋)와 오규 소라이(荻生徂徠)의 학설을 배척한 사
람들이라는 점에서 공통적이다.

후지와라 세이카에 대해서는 그가 승려에서 유학에 뜻을 둔 일과 강
항을 만나 주자학을 배운 경위를 자세히 소개하였다. 또 그가 정주학에
바탕을 두고 경전을 훈고함으로써 일본의 주자학을 발전시키는 데 가
장 큰 공로를 세웠다면서 '해외의 호걸 선비'이자 '일본을 중흥시킨 명
유(明儒)'라고 높이 평가하였다. 다음으로 하야시 라잔과 키노시타 쥰앙
의 유파를 소개하였는데, 대개 키노시타 쥰앙의 문도들은 재주는 있으
나 덕이 적은 데 비해 하야시가(林家)는 '중후근외(重厚謹畏)'하다고 평하
여 하야시가를 두둔하였다. 그 밖의 다케다 마나오·루수 토모노부 등
은 일본유학사에서 비중이 큰 인물이 아니지만 당시 고학파 외에 정주

학을 존중하는 인물도 있다는 점을 강조하기 위해 소개하였던 것 같다.[28] 원중거는 처음 아이노시마(藍島)에서 창화하면서 카메이 로(龜井魯)를 통해 치쿠젠주(筑前州)의 타케다 마나오(竹田誠直)가 주자학을 존중한다는 말을 듣고, "옛부터 축전주는 서쪽의 도읍지로서 인재가 풍부하였는데 이제 정학을 숭모한다는 사람이 있다고 하니 기이하도다."라면서 좋아하였다. 또『승사록』에서는 삼사(三使)에게 보내온 미도후(水戸侯) 미나모토 소칸(源宗翰)의 서한의 내용과 필체를 칭찬한 뒤 미도주의 학문에 대해 명나라 말기의 유생(朱舜水를 지칭한 듯함)을 맞이하여 학문이 크게 성행하고 있다고 소개하였다.[29] 이른바 전기 미도학(水戸學)은 도쿠가와 미쓰쿠니(德川光國)를 중심으로 명나라의 유신으로 일본에 망명한 주순수(朱舜水)를 초빙하는 등 주자학을 기본으로 하여 대의명분을 추구하고 천황가를 존중할 것을 주장하였으며, 막부말기의 후기미도학에서는 국학·신도도 종합하여 치열한 존왕양이론을 전개하였다. 원중거가 미도번의 학문에 주목한 것은 주자학의 융성이라는 측면이었겠지만 일본정치의 장래에 대한 그의 전망과 관련지어 볼 때 미도학 속에 존왕운동의 싹을 보았기 때문이 아닌가 여겨진다.

그러면 일본 주자학의 현상에 대한 원중거의 인식은 어떠하였는가?

원중거는 막부의 관학을 책임지고 있었던 하야시가(林家)에 대해서 그 권위와 영향력은 인정하였지만 학문수준에 대해서는 낮게 평가하

---

28 『승사록』 권1 계미년 12월 18일조
29 『승사록』 권2 갑신년 3월 10일조

였다. 즉 각 번에서 유사들을 막부 쪽에 요청할 때 하야시가(林家)가 태학두로서 추천권을 행사하고 자신의 문하생들을 각 주의 서기나 강관(講官)으로 파견하여 일파가 번성하였다고 소개하였다. 그러나 추천의 공정성에 문제가 있고, 하야시가의 학문 자체에 발전이 없어서 재주가 뛰어난 자는 하야시 문하에 들어가지 않는다고 하여 국내의 학문인들에게 외면당하는 실상을 제대로 지적하고 있다.[30]

실제 18세기 후반 당시 일본의 주자학은 쇠퇴해가는 상황에 있었다. 18세기에 들어와 일본의 학술계는 하야시가의 주자학이 발전을 보이지 못하는 대신 고학파와 절충학파의 유학이 크게 성행하였다. 그래서 1790년에는 막부에서 이학금지령('寬政異學의 禁')을 내려 주자학 이외의 학파를 이단으로 규정하고 탄압하기까지 할 정도에 이르렀다. 이에 원중거는 태학두 하야시 노부히코(林信彦)에게 이단을 막고 주자학을 부흥시키기 위해 경서대전과 정주학의 여러 서적을 간행하여 각 주에 보급하고 이단을 금지하도록 하라고 간곡히 권유하였다.[31]

「이단지설」에서는 이토 진사이(伊藤維禎), 모노노베 소하쿠(物部雙栢) 등 고학파 유학자 두 사람을 다루었다.

이토 진사이(伊藤仁齋, 1617~1705)에 대해서는 "그가 『동자문(童子問)』을 저술하고 정주(程朱)를 훼척했으며 『중용』이 성인의 쓴 바가 아니라고 했다."고 간단히 소개한 데 비해, 모노노베 소하쿠(物部雙栢,

---

30 『승사록』 권2 갑신년 3월 10일조
31 『승사록』 권2 갑신년 3월 10일조

이토 진사이(伊藤仁齋)

오규 소라이(荻生徂徠)

1666~1728, 荻生徂徠의 별칭)에 대해서는 상세히 기술하였다. 여기에는 이유가 있다. 실제 원중거가 입국한 후 치쿠젠주에서부터 만난 문사들이 대부분 오규 소라이의 문도들이어서 가는 곳마다 정주학과 소라이의 고문사학에 대해 논쟁을 하게 되었다. 따라서 원중거는 소라이학에 대해 관심을 가지지 않을 수 없었고 나바 시소에게 부탁해서 그의 문집을 구득해 읽어 보았다.[32] 원중거는 처음에는 오규 소라이의 학설에 대해 몹시 거부감을 느끼며 비판적이었으나 그의 문집을 보고난 후에는 평가가 상당히 달라졌다. 조래집(徂徠集)을 본 후 "기이한 재주와 기개가 있으나 실로 애석하다(奇才奇氣可惜可哀)."라고 평하였는데, 이에 나바 시소는 "공의 공평한 헤아림에 경복합니다."고 하였다.[33] 나바 시소는 처음 소라이의 문도였으나 후에 주자학으로 되돌아와 반소라이학파가 된 인물

32 『승사록』 권2 갑신년 3월 10일조
33 『승사록』 권2 갑신년 3월 10일조

이다. 한편 통신사행원이 일본문사의 문집을 먼저 구해달라고 요청하는 사례는 거의 없음에 비추어볼 때 원중거의 적극적인 태도를 엿볼 수 있다. 귀국하기 전에는 성대중도 조래집을 구해보았다. 아마도 각지에서 그의 문인들과 격렬한 논쟁을 벌였기 때문에 지피지기 차원에서 알아야 할 필요성을 절감했기 때문일 것이다. 원중거는 그 후 『승사록』과 『화국지』에서 오규 소라이에 대해 상당히 많은 기록을 남겼다.

우선 오규 소라이의 학문에 대해,

"사방을 유학하여 이미 시문으로 이름을 얻은 후 나가사키의 중국 상선에서 왕세정(王世貞)·이우린(李于麟)의 문집을 얻어 보고는 그 시문을 사모하는 데 그치지 않고 (그들의 학을) 정학이라고 하면서 배워 스스로 왕이지학(王李之學)이라고 칭하였다. 『논어징(論語徵)』을 저술했는데 맹자 이하를 모두 하나같이 비방 모욕하였고, 정주(程朱)에 이르러서는 더욱 심하였다. 그 설이 이토 진사이에 비해 훨씬 더 광포하다. (중략) 66주의 사람들이 우르르 일어나 급히 본받아 그를 해동부자(海東夫子)라고 칭하기에 이르렀다. 그 가운데 몇몇 사람이 (정학에) 자립하려고 하자 무리지어 떠드는 바람에 용납되지 못하였다. 나라 안이 원근과 귀천, 노유(老幼)를 막론하고 단지 소라이만이 있는 줄을 알고 있을 뿐이니 가소롭다. (중략) 그가 종조로 삼고 있는 왕세정과 이반룡은 천하에서 비웃음을 받는 사람들이다. 지금 그 무리에서 이미 그를 거역하는 자들이 없지 않으니, 마치 저 풀벌레인 반딧불이의 빛과 같아서 스스로 마땅히 소멸할 것이다."[34]

34 『화국지』 인권 「이단지설」

라고 하여 그의 경전해석에 대해서 찬성하지 않지만 당시 소라이학(徂徠學)이 일본 국내에 풍미하는 상황을 소개하였다.[35]

한편 소라이학에 대한 평가는 어떠하였을까?

경학에 대해서는 "불교와 노장(老莊)의 성과 덕을 논하는 기발함이 없고 육왕학(陸王學)의 양지(良知) 양능(良能)의 변(辨)도 없다. 그가 종조(宗祖)로 삼고 있는 왕세정과 이우린은 천하사람이 모두 비웃는 사람들이다. 지금 그 문도중에서도 이미 비판하는 자가 나오고 있어 그 반딧불과 같은 빛은 스스로 소멸될 것이다."라고 하여 혹평하였다.

고문사학은 17세기 조선에서도 허균 등 일부 인사들에게 수용되어 일시 유행한 적이 있으나 도태되었다. 소라이 문하의 고문사학파 인사들은 주자학을 고수하는 조선문사들을 고루하다고 비판했지만, 통신사 행원의 입장에서 보면 1세기 전에 조선에서 잠시 반짝하다가 도태당한 고문사학에 경도하는 풍조가 한참 뒤떨어진 것으로 보였다. 그래서 고문사학에 경도되어 소라이를 '해동부자'로 숭배하는 일본의 사상적 상황은 원중거에게는 냉소의 대상일 뿐이었다. 이와 같이 상호경멸과 경쟁심 속에 통신사행원과 일본의 고문사학파들은 도처에서 치열한 논쟁을 벌였다.[36]

그러나 "문장에 있어서는 서사지체(敍事之體)를 얻었고, 학술에 있어

---

35 『승사록』 권2 갑신년 3월 10일조
36 단 한학압물통사로 수행했던 이언진의 경우 고문사학에 찬동하는 입장에 서서 소라이학파인 미야세 류몬(宮瀬龍門)과 필담을 나누어 일본문사로부터 주목을 받기도 하였다.

서는 반신지방(反身之方)을 얻었다."고 좋게 평가하였다.[37] 또 화음운서(華音韻書)를 만들어 보급하여 고서를 읽는 데 10배나 간편하게 함으로써 후생들에게 크게 공을 세웠다고 소개하였다.[38] 이와 같이 원중거는 소라이학의 위험성을 지적하면서도 그가 주창한 고문사학적 방법론과 공로에 대해서는 높이 평가하였다.

원중거는 일본의 유학계에 대해 기본적으로 주자학적 입장에서 소개하고 평가하였다. 그래서 일본 중·근세에 주자학을 보급 발전시키는 데 주요한 역할을 한 사람들을 '학문인'으로 서술하면서 일본유학자 가운데서는 후지와라 세이카에 대해 가장 긍정적으로 평가하였다. 한편 이토 진사이와 오규 소라이와 같은 고학파 유학자들은 '이단'으로 분류하였다. 이는 '주자학의 전도사'를 자임했던 원중거로서 당연한 것이기도 하지만, 그러나 그의 오규 소라이에 대한 평가가 일방적으로 부정적이지만은 않았음에 주목할 필요가 있다. 그가 남다른 재주가 있었으며 당시 그의 학설이 일본국내에 풍미하였고, 또 문장과 학술방법 등에서는 일정한 경지를 얻었으며 공을 세운 바를 긍정적으로 평가하였다. 원중거는 처음 오규 소라이에 대해 몹시 부정적이었으나 그의 문집을 읽어본 후는 객관적으로 평가할 수 있었다. 타키(瀧長愷)는 소라이의 문도

---

37 이에 대해서 『승사록』에서는 "그 문장이 서사의 체를 얻어 기사를 편찬하는 데 아주 능숙하지만 입론할 줄 모르고 본뜻을 펼 수 없으며 또 뒤섞임(錯綜)과 변화됨을 모른다. 따라서 단지 오로지 직설할 뿐으로 뜻이 궁해지고 글이 뒤집혀진다. 그 시 또한 곧이곧대로 서사만 할 뿐 비흥(比興)·아속(雅俗)·격률(格律)·사식(辭識)을 알지 못한다. 그래서 좋은 것은 옛사람과 비슷하지만 못한 것은 좋은 비단이 분토에 빠졌음에도 스스로는 그 더러움을 알지 못하는 형상이다."라고 혹평하였다.

38 『화국지』 인권 「이단지설」

였지만 사행 후 추억에 남는 네 사람 중의 하나로 들면서 해외의 중화인이라고 평하였다. 이런 점에서 볼 때 원중거는 나름대로 열려있었다고 할 수 있다.

나) 시문

일본시문의 역사에 대해 원중거는 『화국지』 인권 「시문지인」에서 백제의 왕인(王仁)이 글을 전해준 이래 지조(智藏)·고호(弘法) 두 승려에서 시작되었으며, 후지와라 세이카(藤原惺窩)·하야시 라잔(林羅山)·키노시타 쥰앙(木下順庵) 대에 이르러 성하였고 그 후생들에 의해 발전되었다고 하였다. 이어 일본시의 발전과정과 대표적인 시인의 시, 즉 템무텐노(天武天皇)의 아들 오토모(大友)와 오츠(大津)·지조(智藏)·분도쿠텐노(文德天皇)·기코마로(紀古麻呂)·오토모히메(大伴姬)·키요마로(淸麻呂)와 각자의 오언시·칠언시·불가시·여성시의 최초를 장식하는 시를 소개하였다. 다음으로 사행 시 만나본 문사들, 예컨대 에도의 무라사키 쿠니히코(紫邦彦)·오카 메이린(岡明倫), 나고야의 오카다 기세이(岡田宜生)·미나모토 세이케이(源正卿), 교토의 오카 시로코마(岡白駒)·하마 세이준(播摩淸絢), 오사카의 나가도미 호(永富鳳)·고리(合離=細合牛齋, 斗南)·키무라 호코(木弘恭=木村兼葭堂), 히젠주(備前州)의 세이센(井潛)·곤도 아츠시(近藤篤), 쵸몬주(長門州)의 타키 쵸가이(瀧長愷)·소안세이(草安世), 치쿠젠주(筑前州)의 카메이 로(龜井魯) 등을 소개하고 각자에 대해 논평을 하였는데 대체로 긍정적이었다.

당시의 일본 문장계의 상황에 대해서는 "나가사키의 책이 통하게 됨에 따라 집집마다 책을 읽고 사람마다 붓을 잡으니 십수 년이 지나면 아마도 오랑캐라고 소홀히 하지 못할 것이다.”라고 하였다. 또 “나라 안 사람들이 총명하고 조숙하며 일찍부터 시를 배워 시문이 성행하여 가 히 바다 속 문명의 땅이라고 해도 지나치지 않다.”라고 하면서 일본문 화의 발전상과 장래의 가능성을 높이 평가하였다. 전체적으로 볼 때 원 중거의 일본학술에 대한 평가는 선택적이었고 특히 고학파 유학에 대 해서는 비판적이었지만 문장에 대해서는 매우 긍정적이었다.

3) 평가와 전망

원중거는 당시 일본의 문화적인 상황에 대해 문운이 발전하는 도상 에 있다고 보았고 자신이 만나본 일본문사들에 대해서도 대체적으로 긍정적으로 평가하였다. 그러한 발전의 요인으로는 문자생활의 대중성 과 통신사행의 왕래와 나가사키를 통한 서적유입을 들었다. 그는 “일 본인들이 언문과 가타가나(片假名)을 만들어 한자와 섞어서 통용하는데 나라 안의 모든 사람들이 다 쓸 줄 알고 뜻도 안다.”고 하면서 일본인들 의 문맹률이 낮으며 편리한 문자생활을 하고 있음을 소개하였다.[39] 이 전의 사행원들은 대개 오랑캐의 글자라고 무시하는 것이 대부분이었 음에 비해 이를 지적한 것은 예리한 관찰의 소산이다.

다음으로 외부적 요인으로서는,

---

39 『화국지』 인권 「편가명(片假名)」

"통신사행이 누차 들어오고 나가사키의 서적이 유통되면서 유학자들이 점차 개명해지는데, 만일 유력한 지도자가 나와 이를 잘 이끈다면 일본의 풍속과 문화의 변화는 아주 쉽게 바뀔 수 있을 것이다. 그래서 그들이 인의와 염치를 알게 되고 옛을 생각해서 오늘을 반성할 수 있다면 비단 일본의 행운일 뿐이 아니라 우리나라와 중국도 또한 이익이 되며 침략의 우환이 없어질 것이다."[40]

라고 하여 통신사행과 나가사키로부터의 서적유입을 중요시하였다. 여기서 발전요인에 대한 지적 외에 주목되는 점은 일본의 문화적 교화에 의한 불침략론의 전개이다. 이러한 인식은 그의 지론으로서 여러 군데서 강조하고 있다.

"어떤 사람은 그 나라 사람들이 예의를 알게 하는 것이 혹 우리에게 불리하지는 않을까 하는 우려도 하지만 이것은 어린아이와 같은 소리이다. 탕왕(湯王)이 갈백(葛伯)을, 문왕(文王)이 곤이(昆夷)를 대할 때 어찌 군사적 방법을 즐겨하였는가? (중략) 만일 히데요시가 조금이라도 예의를 알았다면 임진왜란을 일으키지 않았을 것이다. 이에야스에 이르러 겸손함과 후덕함이 약간 있어 나라가 크게 안정되고 삼면의 바다가 편안해지면서 수백 년에 걸친 침략도 없어졌다. 그러므로 인의로써 인도하고 예악으로 바르게 하면 기월지치(期月之治)를 가히 기대할 수 있다. 만일 일본이 그렇게 되어서 인의예악으로써 정치를 한다면 우리나라는 영원히 동쪽을 바라보는 근심이 없어질 것이다. 이것은 식자가 아

---

40 『화국지』 천권 「중국통사정벌」

니더라도 알 수 있는 것이다."[41]

이것은 정약용이 「일본론」에서 주장한 이른바 '일본무우론(日本無憂論)'과 아주 비슷한 발상이다. 단지 정약용은 일본의 문화적 교화가 이미 이루어졌다고 본 것이고, 원중거는 기대를 이야기했다는 점에서 차이가 있을 뿐이다.

그런데 원중거의 일본문물에 대한 평가도 기본적으로는 조선의 우위성을 전제로 하고 칭찬하는 것이었다. 예를 들면 일본문화의 유래에 대해서도 아직기·왕인에 의한 유학 전수, 불교와 의학·역술의 전래, 기비(吉備), 하야시 라잔 등의 사실을 소개하였는데 모두 외국에서 문화가 전수된 내용이다.[42] 앞의 삼자는 백제로부터의 직접적인 문화전수이고, 기비와 하야시 라잔도 당나라와 조선을 통해 유학을 수용 발전시켰다고 함으로써 일본문화의 성립과 발전에 있어서 문화전수국으로서 조선의 위상을 바탕에 깔고 있다.

또 "일본의 문화가 바야흐로 일어나려고 하는데 안타깝게도 이단이 그 싹을 누르고 있다."고 하여 경학면에서는 발전하였다고 인정하지 않았다. 원중거가 보는 학술의 진정

정약용

41 『승사록』 권4 갑신년 6월 14일조
42 『화국지』 인권 「文字之始」

한 발전은 소라이학(徂徠學)이 극복되고 주자학이 활발해지는 것이었다. 그러나 그 가능성에 대해서는

"지금 나가사키의 서적이 날로 이르러 나라 안의 문풍이 점차 성해지는데 만일 모케이(茂卿 : 荻生徂徠) 같이 재기 있는 자가 생기면 반드시 모케이를 뒤엎고 정도로 들어갈 수 있을 것이다. 천지의 양명한 기운이 바야흐로 우리나라에 성하고 있지만 혹 사도(斯道)가 다시 동해로 건너갈지도 모르겠다. 아 그러나 이 도는 우리가 독점하는 사사로운 것이 아니니 그들과 공유한다고 해서 어찌 손상되겠는가?"[43]

라고 낙관적으로 보았다. 일본 학술계의 장래에 대한 원중거의 다분히 희망 섞인 전망이라고 할 수 있겠다. 이 점에서 당시 조엄이 "일본의 학술은 긴긴밤이라고 할 수 있으며, 문장으로 말할 것 같으면 소경이라 할 수 있다."라고 평한 것과는 대조적이다.[44] 일본의 이단학을 비판하고 정학을 지켜나갈 책임이 우리나라에게 있다고 자부한 점에서는 원중거와 조엄이 마찬가지지만 일본문화의 현황과 전망에 대한 인식은 아주 판이하다. 일본의 문화에 대한 원중거의 이러한 판단은 그 후 조선의 지식인들의 인식에 매우 큰 영향을 주었다.

43 『승사록』 권2 갑신년 3월 10일조
44 『해사일기』 갑신년 6월 18일조

4. 역사인식과 대마도문제에 대한 대책

『화국지』는 기본적으로 사서(史書)는 아니다. 일본에 관한 인문지리서이
자 백과사전적인 유서(類書)에 가깝다. 그런데 『화국지』에는 일본사와
조일관계사에 관한 기사가 매우 많은 것이 특징이다. 조일관계사 항목
이 화국지 전체 분량의 4분의 1을 차지할 정도이다. 또 그의 역사서술
의 자세를 보면 『한서(漢書)』 「십지(十志)」의 형식과 매우 유사하다. 다시
말하면 『화국지』는 원중거 나름대로의 깊은 역사의식이 반영되어 있는
저술이라고 할 수 있다. 그가 특히 강조한 한일관계사, 임진왜란, 대마
도문제, 통신사행에 대한 인식을 살펴보도록 하자.

1) 한일관계사

원중거가 『화국지』에서 큰 비중을 두고 서술한 부분 중의 하나가 조
선과 일본과의 외교 및 전쟁사이다.

그가 조일관계사를 정리하게 된 목적은 기본적으로 오늘을 경계하
고 장차의 대일정책 수립에 도움을 주기 위한 것이었다. 동시에 사행
시 국내에 알려지지 않았던 일본 측의 자료를 구입해온 바 그것들을 소
개하고자 한 동기가 있었다. 이에 따라 조일관계사에 대한 항목은 『징
비록』을 비롯한 우리나라 서적과 함께 사행 시 구한 일본서적과 견문
을 종합하여 정리하였다. 이러한 서술방법에 대해 원중거는 "그 나라
문자를 인용한 것은 양국의 자료를 다 참고함으로써 왜를 방어하는 자
가 기미에 따라 변화를 고려하는 데 도움이 되게 하기 위함"이라고 밝

했다.[45]

조선과 일본의 관계에 대해서는 고대에서부터 영조대 당시까지를 정리하였다. 삼국시대와 고려시대의 대일관계사는 「나제려통사전벌(羅濟麗通使戰伐)」에서 기술하였고, 「중국통사정벌(中國通使征伐)」에서는 이 시기 일본의 대중관계를 정리하였다. 조선시대의 대일관계에 대해서는 「아조정왜록(我朝征倭錄)」에서 대일정벌기사를, 「국초왜인내조(國初倭人來朝)」에서 일본에서 우리나라에 온 사절들, 「아조통신(我朝通信)」에서 조선 초기 이래 1763년 계미통신사행까지 우리나라에서 일본으로 파견한 사절을 서술하였다. 「왜관사실」에서는 삼포왜관 등 왜관의 유래와 각종 조약의 내용, 당시 연례송사선의 숫자와 교역현황 등을 상술하였다. 「이충무공유사」·「제만춘전」·「안용복전」은 대일관계에서 큰 공로를 세운 세 사람의 전기를 정리한 것이다.

2) 임진왜란

원중거는 특히 임진왜란에 대해 자세히 기술하였다. 예컨대 「임진입구시적정(壬辰人寇時賊情)」에서는 일본 측의 서적을 바탕으로 하되 『간양록』등 관계자료와 비교하는 등 상세한 고증을 통해 당시 일본군 측의 동향을 밝혀 놓았다. 즉 일본군 9번(番)의 군사구성, 임란 전의 사전공작, 전투상황, 참전한 주요 장수들의 인적사항 등을 상세히 기술하였다. 이에 대해 원중거는 "국내에 없는 일본 측 비밀자료를 정리함으로

---

45 「화국지」 인권 「我朝征倭錄」

써 역사가들의 편찬에 도움이 되겠다는 것"과 "흉도들의 시종을 끝까지 기록함으로써 임진사의 수말(首末)을 갖추고자 함"이라고 하면서 기본적으로는 '와신상담의 뜻'에서 나온 것이라고 하였다. 『화국지』지권 「각주성부」에서도 전국의 다이묘를 기술하면서 임란 시 침입한 적장(入寇諸賊)들에 대해서는 별도로 표시하면서 그 후손들의 존재여부까지 표기하였다. 그 이유에 대해 비록 '토벌해 복수해야 하는 일(討復之事)'은 거론하지 못해도 잊어서는 안 되기 때문이라고 하였다.

원중거의 임란관계 기사에는 자료적 가치 외에 내용적으로도 주목되는 점이 많다. 그는 임진왜란에 대한 이해에 있어 몇 가지 새로운 주장을 제기하였다.

첫째, 임진왜란의 발발동기로서 도요토미 히데요시가 대외적인 인정을 통해 왜황의 권위에 대항하고자 했다는 정치적 목적과 국내의 무용병을 처리하기 위한 것이라고 하였다. 특히 전자는 무로마치막부 초기 아시카가 요시미쓰(足利義滿)의 의도와 흡사한 것으로 흥미로운 주장이다.[46]

둘째, 명의 원군에 대한 새로운 해석을 제기하였다. 즉 명이 조선에 원군을 보낸 것은 의리상으로 당연하지만 전략상으로도 필요했기 때문이라고 하면서 결국 우리에게는 '재

도요토미 히데요시(豊臣秀吉)

46 『화국지』 천권 「秀賊本末」, 「壬辰入寇時賊情」

조지은(再造之恩)'이 되었고, 명으로서도 "임금으로서 천하의 체모를 얻었다."고 하였다.[47]

셋째, 이른바 '임란패전관'을 부인하고 일본의 패배를 강조한 점이다.[48] 유성룡이 지은 『징비록』을 비롯하여 조선의 전후기록이 대부분 자기반성적 의미에서 임진왜란 초전의 패배를 강조한 이래 국내에서는 임란패전관이 일반화되었다. 이에 비해 일본에서는 승전관이 널리 퍼졌으며 이것이 대조선우월의식의 근거로 작용하였다. 원중거의 이 주장은 최근 학계에서의 임진왜란에 대한 재해석 논의와 비교해 볼 때 주목할 만하다.

넷째, 임진왜란 시 수군의 승리원인을 충무공의 작전과 용기보다도 조선선박의 우수성에서 찾았다.[49] 이는 일본 배와 우리나라 배의 세밀한 비교 관찰을 통해 얻은 결론으로서 의미가 크며 당시로서는 탁견이라 할 만하다.

그러면 일본의 군사력과 재침가능성에 대한 원중거의 견해는 어떠하였을까?

그의 유사시에 대비한 정보수집 노력은 대단하였고, 『화국지』 곳곳에서 유비무환, 와신상담의 자세를 강조하였다. 그러나 당장 일본이 침략해올 가능성에 대해서 절박한 위기의식은 가지고 있지 않았다. 18세기 후반 당시 동아시아의 국제정세와 조일관계의 안정성, 막부의 대조

---

47 『화국지』 천권 「秀賊本末」
48 『화국지』 천권 「秀賊本末」
49 『화국지』 지권 「舟楫」

선 우호자세 등을 고려해 볼 때 원중거의 판단이 틀린 것은 아니다. 또 여기에는 일본문화의 발전에 따른 침략성의 순화라는 유학자 특유의 역사관과 명분론도 있었다. 메이지유신(明治維新) 이후 조선침략론의 전개와 실제의 침략에는 일본국내적 요인 외에 '서세동점(西勢東漸)'이라는 세계사적인 흐름이 연관되어 있다. 18세기 후반 단계에서 원중거가 '서양'이라는 변수를 예상한다는 것은 기대하기 어려운 일이다.[50] 대신 일본국내 정치정세의 변화가능성에 대해서는 거의 정확하게 전망하고 있었으며 그에 따른 대비책을 미리 강구해야 한다고 강조하였다.

3) 대마도 문제와 대책

대마도에 대해서 원중거는 "그 땅이 우리나라와 가깝고 자주 접하므로 중시하지 않을 수 없다."고 하면서 『승사록』과 『화국지』의 곳곳에서 언급하였다.

정리된 기록으로는 『화국지』 천권 「마주수본말(馬州守本末)」이 있는데, 여기에는 대마도의 역사와 현황에 대한 분석이 기술되어 있다. 우선 조선과의 외교관계에서 중요한 3대 세력인 대마도주·평씨가(平氏家)·이정암(以酊庵)에 대해 소개하였다. 즉 도주에 대해서는 그 유래와 조선 초

---

50 원중거는 아란타에 대해 상당한 관심을 기울였다. 귀로시 오사카에서 체류중 아란타 선인(船人)들을 보고 그들의 복장과 용모 등에 대해 상세히 묘사하였고 일본과의 교역에 관심을 표하였다.(『승사록』권3 갑신년 4월 16일조) 또 일본이 임진왜란 때 조선수군에게 참패한 뒤 아란타에게 舟楫과 火器를 배우려고 하였다는 소문을 소개하면서 '일본을 견제할 수 있는 나라는 아란타이며, 만일 아란타가 일본에 뜻을 둔다고 하면 그 우려는 일본에만 그치지 않고 우리나라에도 미칠 것'이라고 하여 아란타의 힘에 대해 경계심을 표하였다.(『화국지』지권 「舟楫」) 이어 『화국지』에 별도로 아란타조를 서술한다고 했는데 무슨 이유인지 없다.

기 이래 역대 도주의 세계와 관직, 조선과의 교섭과 관련된 행적 등을 토모시게(智盛)에서부터 현 도주인 29대 요시아키(義暢)까지 상술하였고, 다이라 시게노부(平調信) – 카게나오(景直) – 시게아키(調興)로 이어지는 다이라씨가(平氏家)가 1635년의 국서개작 폭로사건으로 몰락했다는 사실과 이정암의 유래·권한 등을 서술하였다. 다음으로 대마도의 지리·무역·도주의 에도번저·식읍·관료제도·참근과 예물 등 당시의 대마도의 현상에 대해 정리하였다.

원중거의 대마도에 대한 문제의식과 대책에는 그의 독특한 대마도관이 바탕이 되어 있다. 그는 본주인에 대한 우호적인 인식과는 달리 대마도의 풍속은 '오랑캐의 본성과 행동('夷性夷行')'이라고 하면서 그 이유는 지역의 형세가 멀리 떨어져 있고 문교가 전혀 없기 때문이라고 설명하였다. 이에 따라 그들은 인의와 염치가 무엇인지를 전혀 모르기 때문에 일이푼의 이익이 있으면 천백의 염의(廉義)를 손상하면서도 추구한다고 하였다.[51] 그는 당시 조일 양국의 상호인식상의 갭을 이용하여 이익을 도모하는 대마도인의 행태에 대해 매우 부정적으로 보았다. 즉 일본은 항상 조선의 구세필보(九世必報)의 의지에 대해 의구심을 갖고 있고, 우리나라 또한 일본의 속임수가 반복되지 않을까 의심하는데 대마인이 그 틈을 이용해 양쪽의 사정을 과장함으로써 이익을 취하고 있다는 것이다. 또 대마인들이 왜관교역을 통해 조선의 은혜를 입고 있으면서도 우리나라의 변장·이졸·역관과 짜고서 이익을 취하고 기밀을

---

51 『승사록』 권4 갑신년 6월 22일조

누설하는 현상에 대해 상당한 위기의식을 가지고 있었다.[52] 그밖에 동래부 왜관에서의 일도 괴이한 것이 많다고 하면서 남쪽 변경을 개혁하는 일이 실로 긴급하다고 보았다. 이러한 현실인식에서 원중거는 대마도대책을 제시하였다.

그는 "우리나라가 분란이 일어나는 것을 피한다고 하지만 실은 두려워해서 특례를 만들어 편의를 허락하니 대마도인이 더욱 교만 횡포해졌다."고 하면서 조선정부의 회유적인 대마도정책에 대해 비판하였다. 대마도의 악행과 교만을 방치한 결과 이제 우리나라를 모욕하고 해를 끼치게 되었다고 하며, 이번 사행의 최천종 피살사건도 유약한 대마도정책에서 나온 것이라고 지적하였다. 대마도 대책에는 중국이 이적을 대하는 방식 중의 하나인 부교분무책(敷交奮武策), 즉 정벌은 하지 않지만 무위를 떨침으로써 감히 범할 수 없다는 형상을 과시하는 정책을 써야 한다고 주장하였다.[53]

원중거의 구체적인 대마도 대책은 도쿠가와막부와의 직접적인 교섭에 의해 대마도를 통제하는 것이었다. 즉 별사(別使)를 바로 막부에 보내어 절목을 강정토록 하는데, 그 주된 내용은 ① 왜관을 폐지하고 대신 회령개시(會寧開市)의 예에 따라 봄가을 2회의 개시를 열도록 할 것 ② 대마도주에게는 약간의 개시상의 특혜를 주되 무시로 교역선을 보내는 폐단을 혁파할 것의 두 가지이다. 그러면 남쪽 지방의 민력이 여

---

52 『화국지』 천권 「풍속」
53 『화국지』 천권 「풍속」

유가 생기고 기밀을 엿보는 폐가 없어질 것이라고 하였다. 이러한 통제
책에 의해 대마도인이 분란을 야기할 가능성이 있을 수 있지만, ① 특
송선(特送船)과 공목(公木)의 이익 ② 엄격한 에도막부의 법령 ③ 통영의
수군에 대한 두려움 때문에 당장의 큰 염려는 없을 것이라고 보았다.

원중거의 주장은 대마도인과 본주인을 철저하게 구분하는 인식과
막부우호관에 바탕을 둔 것이다. 그의 이러한 인식에는 문제가 없지 않
다고 여겨지지만 하여튼 대마도에 대해서는 매우 강경한 입장을 견지
하였다. 심지어는 대마도에 대한 교화의 가능성을 포기하면서 오로지
버리는 것이 상책이라고까지 주장하였다.[54] 이는 당시 조정의 대마도정
책과는 명백히 배치되는 것이다. 통신정사 조엄도 부정적인 대마도인
관을 가지고 있었고 사행 중 대마도의 간계와 횡포에 대해 몹시 불만
스러워하였다. 그러나 조엄은 최천종 피살사건의 처리과정에서 보듯이
조정의 전통적인 대마도정책에 따라 대마도가 위기에 처했을 때 도주
의 입장을 들어주었다. 이에 비해 원중거는 통신사행의 호행도 군이 대
마도에 맡길 필요 없이 막부와 직통하고, 필요하다면 대마도주를 전봉
(轉封)해도 괜찮다고 하였다.

뿐만 아니라 원중거는 전반적인 대일정책('處倭之道')의 기조로서 "소
략함·간결함·멀리함·공경함·규정 준수·무비(武備) 과시 등의 요소가
중요하고, 대신 상세함·꼼꼼함·가까이함·업신여김·전례 개정·느슨

---

54 『화국지』 천권 「풍속」

한 문치주의 등의 요소를 피해야 한다.”고 주장하였다.[55] 요컨대 그의 대일정책의 기본정신은 ‘불가근 불가원(不可近不可遠)’으로 소극적인 강경책이라고 할 수 있다. 주로 대마도정책과 관련되어 확대된 입장이라고 보이는데 기존의 유화적인 대마정책에 대한 비판의식이 담겨져 있다. 특히 무력을 쓰지는 않더라도 그 바탕에 두어야 한다는 점이 주목된다.

5. 통신사행의 문제점에 대한 개혁안 제시

원중거는 사행을 마치고 돌아오는 현해탄의 선상에서 전체적인 일정을 회상하면서 통신사행의 현상과 문제점을 지적하고 개혁안을 제시하였다.

그는 우선 통신사행의 의의로서 다음의 다섯 가지를 들었다.

즉 ① 교린의 의의를 말하고 국서와 예물로 수호하여 양국의 기쁨을 맺고 누세의 우호를 두텁게 함으로써 의심과 시기함을 없애고 변방 영토의 평안을 얻는 점, ② 일본의 지세와 풍속을 살피고 정령(政令)과 서적 등을 견문해서 유사시에 기미를 알아 조치할 수 있는 점, ③ 대마도인의 간계와 횡포를 에도막부가 모르는데 통신사행을 통해 폐해를 알리고 막을 수 있다는 점, ④ 우리나라의 주즙(舟楫) 사용법이 본래 소홀

---

55 『화국지』 인권 「국초왜인내조」

하고 대해풍도(大海風濤)를 겪은 경험이 없는데 통신사행을 통해 익숙해 질 수 있다는 점, ⑤ 사행의 문화교류를 통해 일본이 예의염치를 알게 되면 군사행동을 일으키지 않을 것이고 변경이 평안해질 것이라는 점 이다.[56]

다음으로 통신사행의 폐해에 대해 세 가지를 들었다.

첫째, 수행인원이 너무 많다는 점이다. 사행의 수행인원이 6척의 배에 482인이나 되어 국내의 연로에서도 민폐가 많고, 일본에 와서도 하속배 들이 행패를 부려 사행의 위신을 손상하는 일이 많다고 지적하였다.

둘째, 상역(商譯)들의 권한이 너무 중하다는 점이다. 상역들이 일을 처리함에 있어서는 항상 이익을 노리는데, 사행중의 크고 작은 일을 모두 그들에게 맡기는 것은 부당하다고 하였다. 또 그들은 자신들의 사리 때문에 대마도주의 부림을 받는 바 되어 있으니 그들의 권한을 축소해야 한다고 강조하였다. 원중거는 "양국 중에 나쁜 놈들은 대마도 왜인과 조선의 설배(舌輩)들"이라고 할 정도로 역관들에 대해 심한 불신감을 가지고 있었다. 그들은 대마도주와 짜고서 사리를 채우는데 실은 이익의 십분의 일밖에 차지하지 못하며 또 나라의 기밀을 다 누설하고 있다고 하였다.

셋째, 교역물품이 너무 많다는 점이다. 우리나라 풍속이 멀리서 온 물건을 좋아하고 일상품을 천하게 여기는 것인데 사행 시 역관들이 중심이 되어 도처에서 교역을 하고 대마인들이 그 이익을 취하며 주선하는

---

56 『승사록』 권4 갑신년 6월 14일조

사실을 지적하였다. 이로써 관소가 시장이 되어버릴 정도이니 실로 다른 나라 사람들에게 창피한 일로 이를 줄이거나 금지해야 된다고 하였다.

사행과정에서 일어나는 이와 같은 폐해와 함께 일본 측의 경제적 부담도 막대하여 힘겨워하는 사실을 알게 되었다. 즉 원중거는 나바 시소(那波師曾)에게 "귀국이 사행을 한 번 치르면 10년 동안 다시 일어서기 힘들다고 하는데 사실이냐?"고 묻자, 시소가 10년이 아니라 소생하는 데는 수십 년이 걸린다."고 대답하였다. 에도에서는 무라사키 쿠니히코(紫邦彦)가 "이번 신사의 행차로 막부의 공사(公私) 재력이 고갈되어 앞으로 5~6년간 신사를 요청하는 일이 없을 것"이라는 말을 하여 문제가 되기도 하였다. 이는 일본 측의 경제적 부담 문제가 정면으로 거론된 것으로 원중거의 통신사제 개혁안에 비용 축소안이 들어가게 되는 계기가 되었을 것으로 보인다.

원중거는 사행 당시,

"매번 통신사행이 있을 때마다 대마도인은 재물을 얻고 관백은 명분을 얻으며 그 나라사람들은 관광하는 즐거움을 얻는다. 우리는 마상재로서 재주부리고, 문사는 그들에게 실없는 짓을 희롱하며 복장을 장식하고 생황과 피리로 분탕하게 하여 그들에게 한 마당 놀이의 도구를 제공할 따름이니 이야말로 수치스러운 일이다. 하물며 지금 그 나라의 문기(文氣)가 날로 올라가고 지식이 개명하여 이를 비웃는 자가 점차 많아지고 있다."[57]

57 『승사록』 권3 갑신년 5월 7일조

라고 하면서 통신사행의 실제 의미에 대해 아주 회의적인 생각을 밝혔다. 이는 당시 퇴색해가는 통신사행의 실상을 꼬집은 실로 날카로운 지적이었다. 사행초기 문화교류를 통해 일본인들을 교화시키겠다는 기개를 가졌지만 실제상황은 그렇지 않다는 사실에 매우 실망하였던 것 같다. 당시 일본국내에는 이미 통신사행의 의미와 문화교류에 대한 비판, 비용절감을 위한 대책 등이 제시되고 있었다. 이러한 사정을 원중거가 알았을 리는 없었겠지만 통신사행의 문제점에 대해서는 정확하게 파악하고 있었다고 여겨진다.

이에 따라 원중거는 통신사행의 개혁안을 제시하였다. 이러한 개혁안을 생각하게 된 데에는 위에서 든 폐해 외에 일본 측의 경제적 부담에 대해서도 알게 되었기 때문이다. 그의 개혁안의 요지는 사행인원의 절감과 기강의 확립이었다.

첫째, 사행인원의 대폭적인 절감이다. 원중거는 통신사행을 폐지할 수 없다면 우리나라로부터 절목을 다시 구성한 다음 일본으로 보내 증감해서 정해야 한다고 주장하였다. 이어 구체적인 자신의 안으로서 삼사는 정·부사만으로, 사행선은 6척에서 기선 2척과 복선 1척 등 3척으로 하고 수행인원을 200인 이내로 줄여야 하며, 오사카에서 에도까지 육로로 가는 인원은 100명이면 된다고 하면서 축소 조절된 사행원역의 구성에 대해 세밀하게 제시하였다. 그렇게 하면 우리 측으로서는 통솔하기에 간편하고 일본 측으로서는 접대비용을 절감할 수 있을 것이라고 하였다.

둘째, 교역물자의 제한이다. 상역을 3명 이내로 하고 사신처소에 섞이지 않도록 하며 수입하는 물자는 구리·뿔·호초 등으로 제한하도록 하되 개정된 절목을 대마도주와 협의하여 공고한 뒤 위반자는 엄벌에 처하도록 하면 될 것이라고 하였다. 이와 같이 사행인원을 줄이고 교역을 제한하면 일본도 기뻐할 것이고 우리나라도 일과 경비를 절감할 수 있어 통신사행의 폐가 오래도록 없을 것이라고 하였다.

셋째, 사행원의 역할 조정과 선발기준에 관한 제안이다. 그는 삼사(三使)·문사(文士)·명무군관(名武軍官)·역관·양의(良醫) 등 주요한 역할을 하는 사행원의 선발기준과 사행 시의 행동수칙에 대해서 자신의 경험에 비추어 꼼꼼하게 제시하였다.[58]

넷째, 문화교류의 정비이다. 원중거는 기본적으로 시문창수보다 필담이 더 중요하다고 보는 입장이었다. 그래서 난잡한 시문창수 방식을 고쳐야 한다고 주장했는데, 에도의 예에 따라 각 주의 태수가 미리 그 지방의 문사를 선발하고 한 번의 자리에 창수인이 5명을 넘지 않도록 하면 위의도 갖추고 사령도 간편해질 것이라고 하였다. 또 창수 시의 폐물도 이번 사행의 예에 따라 일체 폐지해야 한다고 주장하였다.[59]

원중거는 이상과 같은 개혁안을 사행 도중 삼사에게 이미 강론한 바 있다고 했는데, 직접적인 체험에서 나온 것인 만큼 구체적이며 현실적이다. 지금까지 통신사제 개혁에 대해서는 아라이 하쿠세키(新井白石)와 나카이 치쿠잔(中井竹山) 등 일본 측의 경비절감책과 역지통신안만 알려

---

58 『승사록』 권4 갑신년 6월 14일조
59 『승사록』 권3 갑신년 5월 7일조

져 왔는데 조선 측에서도 나카이 치쿠잔보다 앞선 시기에 통신사행 규모의 축소를 통한 경비절감책이 제시되었다는 점에서 원중거의 통신사제 개혁안은 매우 흥미로운 바 있다. 성호 이익도 통신사행에 대한 개혁안을 제시한 바 있지만 원중거와는 달리 통신사행의 정례화와 문화교류의 확대를 주장하였다. 이에 비해 원중거는 사행인원의 감축뿐만 아니라 문화교류에 대해서도 정비를 해야 한다고 주장한 점에서 대조적이다. 실제 이 계미통신사행은 에도까지 간 마지막 통신사행이 되었고, 다음 사행은 몇 차례의 연기를 거친 후 순조 11년(1811) 대마도에서 축소된 형태로 거행되었다. 약간의 차이는 있지만 원중거의 개혁안은 결과적으로 상당부분 현실화된 셈이다.

6. 원중거의 일본인식의 특성과 의의

첫째, 『승사록』과 『화국지』는 자료적 가치가 아주 높은 일본사행록이라는 점을 들 수 있다. 계미통신사행 때의 사행록으로서는 조엄의 『해사일기』가 유명하다. 이 책은 한일 양국의 포괄적인 관계와 사행의 전체 일정을 관장하는 통신정사로서의 입장과 동래부사 경상감사를 역임한 당대 제일의 일본통 관료로서 통찰력이 잘 반영되어 있는 명사행록임에는 틀림없다. 그런데 원중거의 『승사록』과 비교해 보면 각기 나름대로의 특징이 있다. 원중거의 직책이 서기였던 만큼 필담창화와 같은 문화교류 면에서는 『승사록』이 훨씬 자세하고 풍부하다. 그 점에서 『승사록』은 통신사행에서의 필담창화 등 문화교류의 실상을 아는 데 보고라고 해도 과언이 아니다. 필담창화에 관한 내용면에서는 남옥의 『일관기(日觀記)』와 더불어 일본사행록 중에서 가장 풍부하다.

또 『화국지』는 형식과 내용면에서 가장 정제되고 풍부하며 일본이해의 수준이 높은 일본국지이다. 원중거는 사행을 대비해 이전의 사행록들을 모아 신행편람(信行便覽)을 만드는 등 치밀한 준비를 하였고, 사행시 호행문사를 비롯한 일본 측 인사들과의 필담을 통해 많은 견문을 할수 있었다. 귀국 후 『화국지』를 저술할 때에는 사행 시의 개인적인 체험과 견문에 더해 일본서적을 구해 조선서적과 비교검토하고 이덕무등과 토론하는 등 심혈을 기울였다. 특히 일본의 『무감(武鑑)』을 이용해 막번체제(幕藩體制)의 구조와 운영방식을 소상히 밝힌 점과 일본 자료를 이용해 기술한 조일관계사 기록 등은 사료적인 가치가 높으며, 서관백(西關白)에 관한 기사 등 그동안 국내에서 몰랐던 새로운 사실을 많이 밝혀 주고 있다. 서술태도에서도 일본 측 사료와 우리나라의 자료를 철저하게 비교하여 정리하였으며, 기존의 사서나 기록과 중복되는 부분은 그것을 참고하라면서 일절 기술하지 않았다. 대신 자신이 모르는 부분은 '미상(未詳)'이라고 하면서 그 칸을 비워둠으로써 실용적으로 도움이 되고자 하는 저술목적에 충실하였다. 그 결과 『화국지』에서는 종래의 사행일기가 지니는 '주관성'과 국내에서 서적만을 참고해 저술된 기록들의 '간접성'이란 한계성이 극복되고 있다.

둘째, 원중거의 일본민족관과 일본문화관에는 새롭고 독특한 요소가 많이 제시되어 있다. 또 일본의 국내정세에 관한 진단과 전망, 대마도

대책과 통신사제 개혁안 등 대일정책면에서의 제안도 선구적이다. 그리고 원중거와 이덕무가 일본국지를 저술하면서 그 제목을 '화국지(和國志)'와 '청령국지(蜻蛉國志)'라고 해 우호적이거나 가치중립적인 것으로 사용한 것은 그들의 개방적 인식을 잘 보여주는 사례이다. 북학파들이 청나라를 '호(胡)'나 '적(狄)'이 아니라 '북(北)'이라고 칭한 것도 가치중립적인 의지를 보여주는 것으로 인식의 연계성을 엿볼 수 있는 대목이다.

한편 원중거의 일본인식에는 몇 가지 한계성도 찾아볼 수 있다.

첫째, 그는 주자성리학에 입각하여 일본을 교화한다는 명분론적 내지 문화우월적인 인식에서 완전히 탈피하지는 못하였다. 그러한 선입견 때문에 일본의 고학과 유학에 대한 인식에서도 일정한 편향성을 보여주었다.

둘째, 일본정세의 전망에는 주자학자로서의 명분론이 상당히 작용했다고 보인다. 일본문화의 발전에 따른 의리명분론의 강화, 그에 따른 존왕운동의 전개라는 시나리오는 일면 적중한 것도 있지만 틀린 부분도 있다. 존왕운동의 이념은 주자학 외에 국학(國學)이라는 요소에 의한 것이 많았고, 그것이 막부타도운동으로 발전한 데에는 서양이라는 변수도 작용하였다. 물론 당시의 원중거에게 이런 것까지 기대한다는 것은 무리이지만 일본의 국학과 난학(蘭學)이라는 또 다른 사조에 대해서는 전혀 언급이 없었다는 점을 일단 지적할 수 있다. 또 일본의 문화가 발전함에 따라 침략가능성이 없어질 것이라는 낙관적인 기대와 전망도 유학자들 특유의 우활한 발상이라고 할 수 있다.

셋째, 도쿠가와막부와 대마도, 본주인과 대마도인에 대한 인식에 있어서 지나치게 이분법적인 경향성이 있다. 원중거는 도쿠가와막부에 대해서 어설프다 할 정도로 우호적인 인식을 가지고 있었던 반면 대마도에 대해서는 '양국의 적'이라고 할 만큼 비판적이었다. 그런데 원중거의 대마도대책에서 예상한 바 막부가 대마도를 억누르면서 조선에 우호적인 정책을 취해줄 것으로 본 점은 안이한 인식이다. 또 본주인에 대한 그의 인식도 앞에서 지적한 것처럼 제한된 체험에서 나온 일면성을 지니고 있는 것이었다.

제5장

이덕무의 『청령국지』

1. 이덕무의 생애와 일본에 대한 관심

1) 생애와 학문

이덕무는 영조 17년(1741) 한성 중부 관인방 대사동(지금의 인사동과 탑골 공원 부근)의 본가에서 태어났다. 그의 가계를 보면 전주 이씨 선파(璿派)로 정종대왕의 별자 무림군(茂林君)의 10세손이며 조부 필익(必益)은 강계부사, 부 성호(聖浩)는 통덕랑을 지냈다. 이덕무는 성호의 첩 소생으로 서얼이었기 때문에 많은 사회적 제약을 받아야 했다. 그의 자는 명숙(明叔)·무관(懋官), 호는 청장관(青莊館)과 아정(雅亭)이 널리 알려져 있다.[1]

이덕무는 어릴 때부터 병약하고 가난하여 거의 정규교육을 받지 못했으며 교도해 주는 스승 없이 독학하였다고 한다.[2] 그 후 이웃에 살면서 친하게 지냈던 인물로는 박지원·이서구·서상수·유득공·박제가 등이 있다. 이들은 백탑시사(白塔詩社)의 주요멤버로서 북학과 실학자에 속하는데, 이덕무는 이들과의 교류를 통해 새로운 학문의 사조에 눈을 뜨게 되었다. 특히 그는 고증학에 심취하였고 정조 2년(1778)에는 부경사 서장관 심염조의 수행원으로 연경에 다녀오게 되었다. 연경에 30여

---

1 『청장관전서』 70권 「先考積城縣監府君 年譜」
2 『아정유고』 8권 부록 「先考府君 遺事」

이덕무

청장관전서

일간 머무르면서 이덕무는 반정균(潘庭筠)·이조원(李調元)·기균(紀昀)·이정원(李鼎元) 등 당시 청조의 석학들과 교류하였으며 유리창의 여러 진서(珍書), 이서(異書)를 조사해 140여 종의 서적을 구입해 귀국하였다. 이 중국 방문은 그의 학문과 고증학 연구에 큰 자극과 발전의 계기가 되었다. 이 때의 연행을 기록한 기행록인 『입연기(入燕記)』와 남공철이 지은 「묘표(墓表)」[3]에 중국에서의 이덕무의 활동과 성과가 자세히 기술되어 있다.

이듬해인 1779년 이덕무는 유득공·박제가·서이수와 함께 최초의 규장각 검서관으로 선발되었으며 이후 1793년 죽을 때까지 규장각의 일을 맡아보았다. 이 기간 중 그는 검서관직을 겸하면서 사도시 주부·사근도 찰방·광흥창 주부·사옹원 주부 등을 역임하였다. 외직에 나가 있을 때도 그는 검서관직을 겸임했으며 검서관의 직책에 만족하였다. 이덕무는 정조대 규장각의 편찬사업에 대부분 참여하였으며 당대 일

---

3 『아정유고』 8권 부록 「墓表」

류의 문사들과 교류하면서 학문을 꽃피워 나갔다. 그의 저술은 아들 광규(光揆)에 의해 『청장관전서(靑莊館全書)』로 편집되었는데, 모두 21종 33책 71권에 달하는 방대한 저술이다. 『청장관전서』에 수록되어 있는 그의 저술들은 대부분 시문과 백과사전류의 저술로 채워져 있다.

이덕무의 학문의 가장 큰 특성으로는 고증학적 방법론에 바탕을 둔 박학성을 들 수 있다. 그는 평생 읽은 서적이 2만 권을 넘었다고 하며 초목금수·명물도수·경제방략·금석비판에서부터 우리나라의 제도와 외국의 풍토에 이르기까지 세밀히 연구하지 않은 것이 없다고 하였다.[4] 또 책을 저술함에는 증거를 상고하고 정밀하게 변증했으며 '아(雅)'와 '설문(說文)'의 학에 밝았다고 한다.[5] 그는 이러한 박학성 위에서 외국문화와 학술에 대해 개방적인 태도를 취하였다. 당시 청의 학문적 조류에 깊은 관심을 표하면서 그것을 수용해야 한다고 주장하였고, 중국과의 교류를 제한하는 조정의 정책을 비판하였다.[6] 이덕무는 나아가 청뿐만 아니라 일본 등 해외제국의 문화에 대해서도 관심을 촉구하고 그들의 문화에 대해 개방적인 태도를 가질 것을 촉구하였다.[7]

2) 교우관계와 일본에 대한 관심

이덕무는 스스로 붕우가 적다고 하였으며 그 중에서도 아주 친하게

---

4 『아정유고』 8권 부록 「先考府君 遺事」
5 『아정유고』 8권 부록 「墓誌銘」
6 『아정유고』 11권 書 「與敬菴衍龜」
7 『청비록』 1권 「蒹葭堂」, 4권 「芝峯詩播遠國」

지내는 인물은 5~6인에 불과하다고 하였다.[8] 그들은 홍대용·박지원·유득공·박제가·이서구 등이며, 그에게 일본에 관한 견문과 지식을 알려준 원중거와 성대중과도 오랜 기간 동안 교제를 가졌다.

홍대용(洪大容, 1731~1783)은 이덕무보다 10년 연상인데 시를 통해 교류하면서 두터운 교분을 가졌다.[9] 또 홍대용의 소개와 도움으로 반정균·육비·이조원·이정원 등 청의 학자와 교류를 가지게 되었다. 이덕무는 홍대용의 북학사상과 개방적인 세계관에 대해 영향을 받았는데 그를 '당대의 통유(通儒)'라고 평가하였다.[10]

박지원(朴趾源, 1737~1805)은 이덕무보다 4년 연상으로 어릴 때부터 한 동네에 살면서 교류하였고 막역한 시우(詩友)이기도 하

홍대용

박지원

였다. 이덕무는 가장 존경하는 학자로 이익과 박지원을 꼽을 만큼 그들의 실학사상에 영향을 받았으며, 『열하일기』를 천하의 기서라고 평가하였

8 『아정유고』 11권 書「潘秋庼庭筠」
9 『아정유고』 8권 부록 「先考府君 遺事」
10 『아정유고』 11권 書「趙敬菴衍龜」

다.[11] 또 박지원은 「형암행장」에서 '내가 무관과 노닌 지 30년이라 그의 평소 행검과 언행에 대해 모르는 것이 없다.'고 하였다.

유득공(柳得恭, 1748~1807)과 박제가(朴齊家, 1750~1805)는 이덕무보다 각각 7년, 9년 연하이지만 어릴 때부터 같은 동네에 살면서 교류하였다. 이들 세 사람은 같은 서얼 출신이었고 또 최초의 검서관으로 같이 임명된 후 평생지우로서의 관계를 유지하였다. 이들은 모두 부경사(赴京使)의 수행원으로 청의 연경에 다녀왔으며 개방적인 세계관을 가지고 있었다. 세 사람 모두 일본에 갔다 온 적은 없었지만 일본에 대해서도 공통된 관심을 가지고 논의하였다. 박제가는 그의 『북학의』 내·외편에서 일본의 사회제도와 기술 등에 대해 깊은 관심을 가지고 논의하였다. 유득공도 이덕무의 「비왜론(備倭論)」에 대해 데라시마 료안(寺島良安)의 『화한삼재도회(和漢三才圖會)』를 인용하면서 비평과 보충설명을 가하였다.[12]

유득공의 〈발해고〉

11 『아정유고』 8권 書 「成士執大中」
12 『여유당전서』 1집 22권 잡평 「유냉재득공필기평」

이서구(李書九, 1754~1825)는 이덕무보다 13년 연하이지만 한 동네에 살면서 학문적 교류를 하였으며 이덕무로부터 학문적 영향을 받았다. 이서구가 지은 이덕무의 「묘지명」에는 "어릴 때부터 한 마을에 살면서 10여 년간 학문적 교류를 하였고 왕복한 서신이 수백 편에 이르렀다." 고 하였다.[13] 그는 명문 출신으로 규장각 직각·호조판서·홍문관 대제학·우의정을 지냈다. 이덕무·유득공·박제가와 함께 후기한시사가(後期漢詩四家)로 불리며 규장각에서 같이 근무하며 정조대의 문화사업에 일익을 담당하였다. 일본에 관해서는 이덕무가 『청령국지』를 지은 후 그에게 보내주었으며 일본에서 모각한 비문에 대해서도 의견을 교환 하였다.[14] 『건연외집』을 편집할 때 여기에 실을 일본시를 이서구가 선 정하면서 이덕무·유득공·성대중과 의논하였다.[15]

원중거(1719~1790)는 이덕무보다 22년 연상이고 또 인척이기도 했지 만 막역한 시우로서 서로 아끼고 존경하는 사이로 오랫동안 깊은 교류 를 하였다. 「유사(遺事)」에 보면 "선군(先君: 이덕무)이 선배 중에 가장 심 복하는 이가 유후와 원중거인데 두 분 역시 남달리 선군을 매우 사랑했 다."고 하였다. 1763년 계미통신사행에서 마치고 귀국한 그는 이덕무· 박제가 등에게 일본에서 보고 들은 일본의 사회상과 문화에 대해 많은 이야기를 해 주었다. 귀국 후 일본사행록으로 『화국지』와 『승사록』, 『일 동조아』를 저술했는데, 이 책은 이덕무의 일본인식에 많은 영향을 주었다.

---

13 『아정유고』 8권 부록
14 『아정유고』 6권 文「與李洛瑞書九書」
15 『청비록』 4권 「蜻蛉國詩選」

이덕무가『청령국지』를 저술할 때『화국지』를 많이 참고하였고,『청비록』에서도『화국지』의 내용을 자주 인용하였다. 이덕무에게 일본에 대한 관심과 이해를 갖게 한 배경은 원중거의 영향이 가장 큰 것으로 추측된다.

성대중(成大中, 1732~1812)은 이덕무보다 9년 연상으로 시우였으며 학문적으로도 깊은 교류를 하였다. 그는 서얼 출신으로 관직은 교서관 교리·북청도호부사에 머물렀지만 문장이 뛰어났으며 정조대의 문예 부흥책에 크게 기여했던 인물이다. 정조의 문체반정(文體反正)에 적극 호응해 고문을 부흥시켜야 한다고 주장해 박지원의 법고창신론(法古創新論)과 대립하기도 하였다. 학맥은 노론 낙론계로 연암일파들과 교류하였고, 상수학적인 학풍으로 북학사상 형성에 일익을 담당하였다.『아정유고』8권 서「성사집대중(成士執大中)」에는 이덕무가 성대중에게 보낸 서신이 27통 기록되어 있다. 이를 보면 서로가 자신의 책이나 문장을 상대방에게 보여주며 논평을 구하는 기사가 대부분이다. 이덕무가 성대중을 형이라 부르면서 동생으로 자처했는데 성대중 또한 이덕무의 재주와 문장을 아끼고 높이 평가하였다. 그리고 성대중이 일본사행 시 일본의 문인들과 창수한 시를 모은『선사만랑집(仙槎漫浪集)』의 서문을 이덕무가 썼으며, 이덕무가 죽은 뒤『아정유고』가 간행되었을 때는 성대중이 그것의 발문을 써주었다. 또 성대중의 아들 성해응을 이덕무가 추천하여 검서관이 되게 하였다.[16]

성대중은 1763년 계미통신사행의 정사 조엄의 서기로 일본에 갔다

---

16 『청장관전서』 70권 「先考積城縣監府君 年譜」

왔으며 그 후『일본록』이란 사행록을 저술하였다. 또한 이때를 전후하여 통신사들의 일본사행록을 집대성한 해행총재를 편집하였다. 이덕무는 성대중이 일본으로 떠날 때 시로써 전송하였으며,[17] 그가 귀국한 뒤에는 일본에 대한 견문과 문장계의 소식을 들었다. 그 후『청령국지』를 만든 후 성대중에게 논평을 구하는 등 이덕무의 일본인식에 성대중이 많은 영향을 끼쳤음을 알 수 있다.[18]

이상에서 볼 때 이덕무는 홍대용·박지원·유득공·박제가·이서구 등과 교류하면서 당시의 새로운 학문의 조류와 개방적인 세계관에 영향 받았다고 여겨진다. 이러한 인식과 학문적 경향은 그가 연경에 사행으로 갔다 오면서 더욱 확대되고 구체화되었다. 그리고 그는 원중거·성대중이 전해준 일본의 사회상과 문화에 관심을 가지게 되었다. 또한 통신사행들이 가지고 온 일본서적, 특히『화한삼재도회(和漢三才圖會)』나『화한명수(和漢名數)』같은 백과전서류의 서적은 고증학에 깊은 조예를 가진 이덕무의 학문적 호기심을 크게 자극하였다.

---

17 『청장관전서』 70권 「선고적성현감부군 연보」
18 『아정유고』 8권 「成士執大中」

2. 『청령국지』의 저술연대와 저술동기

1) 저술연대

『청령국지』의 저술연대를 명확하게 알려 주는 기록은 없다. 『청령국지』에는 서문이나 발문이 없으며 그의 「연보(年譜)」에도 기록이 없다. 단지 『청령국지』 1권 세계편(世系篇)의 기사를 보면, 이것을 기술했던 연대가 1778년이라는 사실을 알 수 있다. 이해는 이덕무의 나이 38세로 박제가와 함께 연경에 다녀왔으며, 귀국 후 『입연기(入燕記)』를 저술한 시기이다. 그리고 그 전 해인 1777년에는 이만운과 함께 『기년아람(紀年兒覽)』을 증보했으며, 이듬해 1779년에는 규장각의 검서관으로 임명되어 관직생활을 시작하였다. 『청령국지』의 저술이 완성된 시기는 이덕무가 이서구·성대중에게 보낸 서신을 보면 늦어도 1789년까지일 것으로 추정된다.

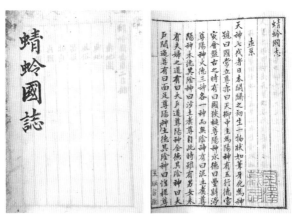

청령국지

그런데 이덕무의 일본에의 관심과 이해에 큰 영향을 준 원중거와 성대중이 일본에 통신사행으로 갔다 온 해가 1764년이다. 이들은 귀국 후 각각 『화국지』와 『일본록』이란 일본사행록을 지었으며 이덕무와 계속 깊은 학문적 교류를 가졌다. 1764년과 1778년에는 14년의 시차가 있는데 이 기간 중 이덕무는 원중거·성대중 등을 통해 일본에 관한 견문을 듣고 또 그들이 가져온 일본서적을 통해 일본에 대한 지식과 이해를 넓혔던 것으로 보인다.

2) 저술동기

일본에 가본 적도 없는 이덕무가 어떠한 동기에 의해 『청령국지』를 저술하였을까?

그런데 『청령국지』나 청장관전서의 다른 기록에도 청령국지의 저술 동기에 대해 직접적으로 언급한 기사는 보이지 않는다. 우선 지적할 수 있는 것은 그가 해외제국의 사정에 깊은 관심을 가졌다는 점이다. 그는 일본뿐만 아니라 유구(琉球)·안남(安南)에 대해서도 기록을 구해 보며 관심을 보였다. 그는 자신의 그러한 입장을 직접 언급하며 강조하였다.

『앙엽기(盎葉記)』 7권 「구변국(久邊國)」조에서 그는 『국조보감(國朝寶鑑)』에 나오는 성종대의 대일관계 기사를 예로 들면서, 당시의 정책담당자들이 일본의 사정을 잘 몰라 외교적 손실을 입은 사실을 비판하였다. 이어 그는 "그러므로 국사를 담당하는 자는 반드시 해외와 서북에 있는 여러 나라의 모든 연혁·연대·방역·도리·풍속·물산 등을 상세히 알아서 뜻하지 않은 일에 대처해야 한다."고 하였다. 즉 외교실무적인 차원에서의 실용적인 목적을 위해 해외제국에 대한 종합적인 지식을 가져야 한다는 것이다.

다음으로 이덕무의 일본에 대한 태도와 관련해 아래의 기사가 주목된다.

> "교활한 저 섬 오랑캐는 백세의 원수인데 그 소굴이 깊숙해 그 도적(圖籍)을 증거할 수 없었다. 내(박지원)가 적을 살피고자 했으나 종시 그 방법에 어두웠는데 그대(이덕무) 일찍이 스스로 말하기를 '내 진실로 유사시를 당하여 섬나라에 사신으로 간다면 그들의 기모(機謀)를 살핌이 남보다 못하지 않을 것이다. 일찍이 (일본에) 표류되었다 돌아온 사람을 만나 그 나라의 사실을 묻되 역력히 그 땅을 밟아본 것처럼 하니 그 사람이 놀라면서 공이 언제 바다를 건너갔었느냐고 말하였다.'고 하였다. 그래서 일본의 세계·지도·풍요·토산을 기록하여 청령국지라 하였다."[19]

위의 기사는 박지원의 이덕무의 행장에서 그의 저술을 소개하는 중 『청령국지』에 관한 부분인데, 이덕무의 일본에 대한 관심과 지식 그리고 나아가서 『청령국지』의 저술동기를 엿볼 수 있게 한다. 그가 일본에 표류했다가 돌아온 사람을 일부러 만나 자신이 알고 있었던 일본에 관한 지식을 확인하고자 했는데, 표류인이 그에게 언제 일본에 갔다 온 적이 있느냐고 놀랄 정도였다는 점이 흥미롭다. 또한 이덕무는 만일 일

---

19 『아정유고』 8권 부록 「炯菴行狀」

본으로 사행할 기회가 있으면 그들의 기모를 살핌이 남보다 못하지 않으리라고 하면서 일본사행에 대한 희망과 자신감을 보인 점도 주목할 만하다. 위 기사에서 박지원과 이덕무의 일본에 대한 관심과 태도는 '적을 살피거나', '그들의 기모를 살피고자'하는 것으로 나와 있다. 이른바 '비왜론(備倭論)'에 입각한 인식이다.

유득공과 서유구가 각각 쓴 청령국지 서문에서도 비슷한 인식을 보였다. 즉 유득공은 "진실로 나라를 경영하는 수단이니 교린의 정탐이 그 대략이다."라고 하였고, 서유구는 "지금까지 (일본에 관한) 국지(國志)가 없었는데, 이 책이 반드시 전해져 후일 역사를 서술하는 자가 취할 바가 있을 것"이라고 평가하였다. 그들 또한 박지원과 마찬가지로『청령국지』를 일본의 정세를 파악하고 침략을 예방하기 위해 필요한 책으로 인식하며 비왜론적 관점을 강조하였다.

18세기 후반 당시 조선은 일본과 평화적인 교린관계를 유지하고 있었지만 임진왜란 이후 일본에 대한 원한과 적개심이 남아 있었고 또 당시의 일본에 대해서도 경계심을 품고 있었다. 그래서 일본으로 가는 통신사의 가장 중요한 임무가 일본의 정치정세와 군사적 동향을 살피는 것이었다. 따라서 박지원과 유득공, 이서구의 인식과 평가는 당시의 일반적인 경향이며 당연하다고도 볼 수 있다. 그러나 이덕무의 일본에 대한 관심의 범위가 정치·군사적인 차원에 머무는 것이 아니고 보다 폭넓고 종합적인 것임은『청령국지』와『청비록』,『앙엽기』등의 기사를 내용을 보면 금방 알 수 있다.

우선 이덕무가 박제가에게 보낸 서신에서 스스로 밝힌 바로는 "우리들이 20년 전에 백가(百家)의 책들을 섭렵하여 풍부하다 하겠으나 궁극적 뜻은 바로 경사를 완전하게 하기 위함이고, 책을 저술해 모범을 만들려고 한 것은 경제실용에서 벗어나지 않았네."라고 하였다.[20] 즉 경사(經史)의 보완과 이용후생을 위한 것이라고 하였다. 이 점은『청령국지』의 「예문」·「여지」·「기복」·「물산」 등의 항목에서 뚜렷하게 반영되어 있다.

다음으로 일본의 문화에 대한 재인식에 의해 촉발된 바가 있다고 여겨진다. 그는 원중거와 성대중을 통해 일본의 문장계에 대한 전문과 성대중이 일본에서 가져온 「겸가아집도(蒹葭雅集圖)」를 본 후 다음과 같이 평하였다.

"아 조선의 풍속은 좁고 고루하여 기휘하는 것이 많다. 문명의 교화는 오래되었으나 풍류와 문아(文雅)는 도리어 일본사람들의 협루함이 없는 것보다 못하다. 그런데도 스스로 교만하고 다른 나라를 업신여기니 나는 이를 매우 슬퍼한다. 원현천이 '일본사람들은 총명하고 영수(英秀)함이 많은 까닭으로 진정을 기울이며 심금을 밝힐 만하다. 시문과 필어(筆語)도 모두 귀히 여길 만하고 버릴 수 없다. 그런데 우리나라 사람들이 오랑캐라고 무시하며 언뜻 보고 나무라며 헐뜯기를 좋아한다.'고 했는데 옳은 말이다. 나는 일찍이 이 말에 느낀 바 있어 다른 나라의 문자를 보게 되면 정성스러운 마음으로 사랑하기를 마치 마음에 맞는 친구를 보는 것처럼 하지 않은 적이 없었다."[21]

20 『아정유고』 文 「與朴在先齊家書」
21 『청비록』 권1 「蒹葭堂」

또 일본의 고시(古詩)를 소개하면서 "순박하고 담담하며 고상하고 참다워서 마치 다듬지 않은 광물이나 쪼개지 않은 박옥과 같다."고 평하기도 하였다.[22] 일본의 시문에 대한 이덕무의 평가는 주목할 만하다. 일본문화에 대한 이러한 인식은 『청령국지』에서도 그대로 반영되어 있다. 『청령국지』의 「인물」·「예문」편에서 그는 일본의 학문과 시문에 관해 많은 분량을 할애하여 상세히 기술하였다.

이상으로 『청령국지』의 저술동기에 대해 정리해 보면, 교린의 상대국인 일본에 대해 보다 종합적인 지식을 가지기 위한 것이 일차적인 목적이었다. 그리고 그 위에 일본의 시문에 대한 공감을 통해 그들의 문화를 이해하였고 그것을 소개하려고 했다는 점을 들 수 있다. 이러한 인식과 저술동기에 의해 『청령국지』가 보다 종합적인 성격의 일본국지가 될 수 있었다고 생각된다.

3. 『청령국지』의 내용과 참고자료

『청령국지』는 2권으로 되어 있으며 각 권에 7편씩 총 14편으로 구성되어 있다. 제1권에는 세계도(世系圖)·세계·성씨·직관·인물·예문·신불(神佛), 제2권에는 여지도(輿地圖)·여지·풍속·기복(器服)·물산·병전(兵戰)·이국(異國)으로 되어 있다. 이 목차에서 보는 바와 같이 『청령국지』

---

22 『청비록』 권2 「倭詩之始」

의 체제는 포괄적이고 체계적임을 알 수 있으며 그가 참고한 어떤 서적과도 다른 독자적 분류방식을 택하고 있다.

그런데『청령국지』를 저술하면서 이덕무는 어떤 자료를 참고하였을까?

그는 일본에 가본 적이 없으며 일본인과 직접 만났다는 기록도 없다. 이덕무는 원중거·성대중 등을 통해 그들의 일본견문을 듣고 일본에 대한 관심을 가지는 동시에 그 후 많은 관계서적을 읽어본 것 같다. 통신사의 일본사행록을 비롯한 조선의 자료와 통신사일행을 통해 들어온 일본의 서적과 시문 등을 참고로 하였다.『청장관전서』에 인용되어 있는 서적명을 적어 보면,『화한삼재도회(和漢三才圖會)』,『화한명수(和漢名數)』,『화한역대비고(和漢歷代備考)』,『일본서기(日本書紀)』,『속일본기(續日本記)』,『일본기략(日本記略)』,『오처경(吾妻鏡)』,『일본일사(日本逸史)』,『왜명초(倭名抄)』,『동자문(童子問)』,『조래집(徂徠集)』,『서궁기(西宮記)』,『난정집(蘭亭集)』,『혹서(或書)』,『무림전(武林傳)』등 도합 15종에 달한다.[23]

여기서는『청령국지』에서 직접 참고한 일본서적과 조선서적만 간단히 살펴보도록 하자.

①『화한삼재도회』: 에도시대 중기에 살았던 오사카의 의사 데라시마 료안(寺島良安)의 저술이다. 이 책은 명의 왕기(王圻)의『삼재도회(三才圖會)』를 본뜨면서 거기에 일본의 것을 합쳐서 편찬한 것이다. 삼재도회란 천문·지리·인물에 대한 도회란 의미인데『화한삼재도회』는 105권

---

23 이 서적들의 저자와 인용되어 있는 부분 등에 관해서는 하우봉,『조선후기 실학자의 일본관 연구』, (일지사, 1989) 제2장 3절 참조.

81책으로 구성된 방대한 분량으로 일본 최초의 도설백과사전이라고 할 수 있다. 이 책이 간행된 해는 1713년이라는 것이 통설이다. 그런데 이 책의 이름이 조선의 책에 나타나는 것은 1748년 통신사행의 종사관으로 일본에 갔다왔던 조명채의 『봉사일본시문견록』이 처음이다. 이 책은 1748년의 무진사행 때 조선에 전래되었던 것으로 보이는데 그 후 이 책

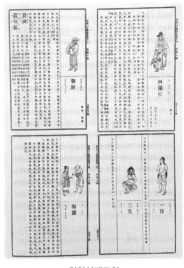

화한삼재도회

은 이덕무뿐만 아니라 조선의 지식인들에게 가장 많이 읽혔던 일본서적 중의 하나였다. 일본 및 해외제국에 대한 정보를 얻는 공구서로서 가장 편리하였기 때문에 『청령국지』에도 많이 인용되어 있다. 박물학적 지식과 도설(圖說)은 조선의 실학파 지식인들에게 큰 영향을 끼쳤으며, 고증학을 중시한 이덕무·한치윤·이서구·서유구·이규경 등이 애용하였다.

　②『화한명수』: 에도시대 중기 후쿠오카번(福岡藩)의 유학자인 카이바라 에키켄(貝原益軒)의 저술이다. 이 책 역시 천문·지리·인물·전고·사적 등의 명물도수(名物度數)에 관한 내용으로 중국과 일본의 것을 붙여서 편찬한 일종의 백과전서식 저작이라 할 수 있다. 이 책이 편집된 해는 1678년이고 간행된 해는 1689년이다. 그런데 이 책이 언제 조선에 전해졌는지는 확실하게 알 수 없다. 시간적으로 볼 때 1711년

의 신묘통신사행 때부터 가능하지만 당시의 사행록에 서명이 보이지 않는다.

③『일본서기』·『속일본기』: 일본 고대의 정사인 이 책들이 언제 조선에 전래되었는가는 확실히는 모르겠지만 대체로 17세기 후반경이 아닌가 생각된다.『청령국지』에도 이들 책의 기사가 많이 인용되어 있다. 이밖에『일본기략』·『오처경』·『일본일사』 등의 사서도 인용하고 있는데, 인용된 기사가 원문과 일치하지 않거나 내용의 착오도 적지 않다. 따라서 이덕무가 이들 책을 직접 참고했는지 아니면『화한삼재도회』 등에서 재인용한 것인지 확실하지 않다. 그러나『앙엽기』 등 그의 다른 저술에도『일본서기』와『속일본기』의 내용이 인용되어 있는 것으로 볼 때 이덕무가 이들 책을 참고한 것으로 여겨진다.

조선의 서적으로는 강항의『간양록(看羊錄)』과 원중거의『화국지』를 주로 참고했으며, 그밖에 신숙주의『해동제국기』, 신유한의『해유록』, 조엄의『해사일기』 등도 인용하고 있다. 이덕무는 이상의 서적을 기초로 하되 독자적인 체재에 따라 그것들을 재편집하거나 정리하는 방식으로『청령국지』를 기술하였다. 다음에서 보는 바와 같이 한 항목 안에 여러 책의 내용을 동시에 인용하거나 또 그 내용을 비교 검토하면서 정리하고 때로는 자신의 판단에 따라 고쳐 쓰기도 하였다. 그러나 인용할 때에 인용 서적이나 참고서적의 명칭을 명백히 밝히지 않은 곳이 대부분인데 이 점은 다소 유감스럽게 생각된다.

4. 『청령국지』의 체재와 내용

『청령국지』의 체재와 내용을 간략하게 정리해 보면 아래와 같다.

제1권

제1편 세계도(世系圖) : 신무(神武)천황부터 113대 영원(靈元)천황까지 일본의 천황세계를 그림으로 표시

제2편 세계

① 「천신 7대(天神七代)」와 「지신 5대(地神五代)」: 천지개벽에서부터 일본왕실의 시조신인 천조대신(天照大神)까지 천신 7대와 천조대신부터 신무천황까지 지신 5대

② 「인황(人皇)」 : 인황의 1대인 신무천황에서 113대 태상천황까지 치세기간·별호 등 약술

③ 「남조(南朝)」: 95대 후제호(後醍醐)천황부터 4대 56년간의 남조를 따로 기술

④ 「위연호(僞年號)」: 일본의 연호

⑤ 「천황의 치적」: 고려시대 이전 각 천황의 대외관계사 약술

⑥ 「왜황의 승통과 직사」: 일본 천황의 승계방식과 직사

제3편 성씨

① 「사성」: 원(源)·평(平)·등(藤)·귤(橘) 4성의 유래와 현황

② 「제가(諸家)」: 섭정5가, 청화원씨(淸和源氏) 9가, 3대신가, 13명가 등 일본의 세습적 유명씨족

③ 「창씨방법과 향화인계 성」 : 창씨의 방법과 한국계의 향화인계 성씨

제4편 직관(職官)

① 「직관의 형성과정」: 율령제도와 관직의 유래 기술

② 「관직」: 신기관(神祗官) 이하 8성 등 조정의 관직과 지방관, 제국의 관직

③ 「위계와 승관」: 30위계와 관속, 승려의 관위

제5편 인물

① 「일본인의 성격」: 일본인의 성격과 체질에 관해 개괄적으로 평함

② 「관백(關白)」: 관백의 기원과 역사

③ 「겸창10장군(鎌倉十將軍)·족리13세(足利十三世)」: 가마쿠라막부와 무로마치막부
   의 장군 세계

④ 「초창 5군(草創五君)·북조평씨 9대(北條平氏九代)」: 패업을 이룬 다섯 인물과 가
   마쿠라막부의 집권(執權)인 북조씨(北條氏) 9대 약술

⑤ 「소잔오존(素盞烏尊)·일본무존(日本武尊)·평신장(平信長)·원뢰조(源賴朝)」: 인물의
   생애와 업적

⑥ 「평수길(平秀吉)」: 풍신수길의 생애와 업적

⑦ 덕천가강과 덕천막부 장군: 덕천가강의 생애와 치적, 역대 장군의 치적

⑧ 「아직기·왕인」: 고대 일본에 학문과 유교가 전해지는 과정 약술

⑨ 「길비진비(吉備眞備)·소야황(小野篁)·수수광신(垂水廣信)」: 일본 고대, 중세의 대
   표적인 유학자 3인 약술

⑩ 「등원숙(藤原肅)」: 근세 일본유학의 선구자인 등원성와의 생애와 학문, 제자
   등 소개

⑪ 「임도춘(林道春)」: 임라산의 생애와 유학, 태학두직을 세습한 임가(林家) 약술

⑫ 「목정간(木貞幹)·원여(源璵)·우삼동(雨森東)」: 목하순암과 그의 제자 신정백석

(新井白石), 우삼방주(雨森芳洲)의 유학과 생애

⑬ 「이등유정(伊藤維禎)·물부쌍백(物部雙栢)」: 이등인재와 적생조래의 학문, 그 외에 태재춘태, 유수우신, 죽전성직 등 유학자 약술

제6편 예문

① 「일본문화의 기원과 역사」: 일본의 시문과 학문의 기원과 그 발전사

② 「시문서화 명인」: 시문과 서화의 명인

③ 「성덕태자(聖德太子)·중마려(仲麻呂)·평실시(平實時)·자식부(紫式部)」: 일본 고중세 문화발전의 4인의 생애와 업적

④ 「사서(史書)」: 일본의 3부본서, 육국사, 『오처경』 등 사서

⑤ 「일본서적」: 견문으로 들은 일본서적의 제목 총 185권 소개

⑥ 「왜자」: 일본에서 만든 한자 31자, 동어이의자 42자

⑦ 「이려파(以呂波)·편가명(片假名)·한자음(漢字音)」: 일본 글자인 이로하, 가타카나와 한자의 일본식 발음

제7편 신불(神佛)

① 「신도의 유래와 현황」: 일본 신도의 역사와 현황

② 「신사와 신들」: 일본 신도의 대표적인 신과 신사

③ 「불교의 유래와 현황」: 일본 불교의 전래사와 현황

④ 「명승·입당승」: 일본 불교사의 명승과 중국에 유학한 승려

제2권

제1편 여지도(輿地圖)

① 8도66주전도·대마도 2군8향 그 외 8도의 지도 등 모두 12장의 지도[24]

제2편 여지

① 「지형」: 일본의 위치, 형태, 조선과의 관계

② 「국호」: 신대의 국호에서부터 일본으로 되기까지 일본의 여러 국호 소개

③ 「국도(國都)」: 일본 전국의 8도 68국 622군의 물산, 국력 등

④ 「변계(邊界)」: 일본의 변방과 조선, 중국과의 거리

⑤ 「산천」: 일본의 세 도시, 세 관문, 세 항구, 고산, 대하, 호수, 대도 등

⑥ 「왜경(倭京)·강호(江戸)·대판(大阪)」: 일본 삼대 도시의 지리, 호수, 풍속 등

⑦ 「장기(長崎)·명호옥(名護屋)·일기도(壹岐島)·대마도」: 조선과 관계 깊은 도시

⑧ 「양전(量田)과 부세(賦稅)」: 양전의 역사와 부세의 종류

제3편 풍속

① 「풍속」: 일본인의 습성, 풍속

② 「세습제」: 사농공상과 세습제 기술

③ 「절후·역서」: 일본의 기후와 역서

④ 「풍절」: 12개월의 속명과 명절놀이

⑤ 「관·혼·상·제」: 관혼상제의 4례와 풍속

⑥ 「음식·목욕·상견례」: 음식, 목욕, 상견례의 풍속

⑦ 「성음」: 일본인의 성음과 언어의 구성

⑧ 「직질품급과 궁실」: 관직품급에 따른 거처의 구별과 궁실의 모양

---

24 『화국지』 천권 「팔도육십육주분도」를 그대로 옮긴 것인데, 주별, 경계, 대도시, 육로, 수로 등
교통로, 산과 대천 등을 표시하고 있다. 그런데 『화국지』의 지도는 적·청·흑의 3색으로 되어
있는 데 비해 『청령국지』에서는 흑색으로만 되어 있다.

⑨「농상」: 일본의 농업과 잠직

⑩「전」: 일본 화폐의 종류와 제조방법, 가치

⑪「도로와 교량」: 도로·교량의 건설, 식수 등

⑫「치도와 형벌」: 치도(治盜)의 방법과 형벌의 종류

제4편 기복(器服)

①「척도·두량·근량」: 일본의 도량형

②「시계」: 시계의 종류

③「악기」: 일본 음악전래사와 일본의 악기

④「병기·총포·궁시·검공·검」: 병기와 총포, 궁실, 검의 종류와 명장

⑤「선박」: 선박의 제조방식, 종류, 선박에 대한 막부의 통제

⑥「거마」: 신분에 따른 가마의 종류와 제조방법

⑦「기명」: 기명의 전래와 종류, 기술자에 대한 우대정책

⑧「관」: 관복의 유래와 종류

⑨「의대와 화혜」: 관복과 석대, 평민·천인·승려의 의복, 신발의 종류

제5편 물산

①「광물」: 일본에서 나는 광물의 종류와 명산지

②「미곡·음식」: 쌀, 보리 명산지와 음식의 종류

③「농산물·목」: 고구마, 담배, 고추, 목화 등 농산물과 기목의 종류

④「축산·해산」: 일본의 축산물과 해산물의 종류, 명산지

⑤「포백·문방」: 포백, 문방의 종류와 명산지

제6편 병전(兵戰)

①「병법」: 일본전래의 병법, 검술의 종류

② 「병제」: 군사제도와 에도, 오사카의 무직(武職)

③ 「상벌·전장」: 전쟁에서의 상벌과 장비

④ 「여몽정벌」: 여원연합군의 일본정벌 기사

⑤ 「대신라·백제전쟁사」: '위신공황후'의 신라 침공 이래 대신라·백제전쟁사

⑥ 「대외정벌」: 근세의 유구 침략기사와 고대의 하이, 숙신국 토벌기사

⑦ 「왜구」: 명과 왜구의 관계

제7편 이국(異國)

일본의 대외관계사 및 20여 외국의 위치, 풍속, 일본과의 관계 등 기술

① 「중국」: 한 광무제부터 임란 전까지의 중국과 일본의 관계사

② 「조선」: 기원전부터 고려 말까지의 대조선관계사

③ 「천축과 남만제국」: 인도의 풍속 및 에도시대의 대인도관계사, 남만제국(영국, 스페인, 필리핀, 네덜란드)과의 무역관계

④ 「유구」: 유구국의 지리, 풍속, 물산

⑤ 「하이」: 하이국의 지리, 풍속, 물산, 일본과의 관계사

⑥ 「대원·안남·동경·점성·간포채·태니·육갑」: 대만, 월남, 통킹, 인도 소국 등의 지리, 풍속, 토산물, 일본과의 관계

⑦ 「섬라·여송·아마항·교류파·발니·방갈자·성다묵·인제아·파우·파사·안타만」: 동남아시아의 제국과 인도 소국들의 지리, 물산, 일본과의 관계

⑧ 「아란타」: 네덜란드의 지리, 풍속, 물산, 일본과의 무역 상술

5. 『청령국지』의 특징과 사료적 성격

일본사행을 다녀온 뒤 원중거는 일본의 사회성과 문장계에 대한 이야기를 홍대용·박지원·이덕무·박제가·유득공·이서구 등 연암일파의 지식인과 북학파 실학자들에게 해줌으로써 그들의 일본인식에 큰 영향을 주었다. 원중거는 그들 중에서도 특히 이덕무와 가깝게 지내면서 그의 일본에 대한 관심과 이해에 큰 영향을 주었으며, 일본의 문장계와 사회·경제 등에 관해 진지하게 토론하였다. 이덕무는 『청령국지』를 저술하면서 원중거와 성대중을 통한 일본 정보 외에 15종에 달하는 다양한 일본서적을 참조하였다. 이를 통해 일본에 관한 정보를 객관적 시각에서 종합적으로 체계화할 수 있었다.

이덕무의 일본연구의 특징을 정리해보면 첫째, 전통적 대일관에서 벗어나 개방적인 시각을 가지고, 나아가 북학파의 연행경험에서 자극을 받아 북학과 같은 방법으로 일본을 학문적으로 정리해 보고자 시도하였다. 둘째, 임진왜란의 원한과 화이관에 입각한 문화우월감에서 탈피해 객관적이고 현실적인 시각으로 일본사회의 특성과 독자적인 문화를 소개하려고 하였다.

이덕무의 『청령국지』는 원중거의 『화국지』를 저본으로 했다고 해도 과언이 아니다. 그러나 『청령국지』는 『화국지』와 성격적으로 다른 측면이 있는 판이한 저작이기도 하다. 『청령국지』의 특징적인 성격과 사료적 가치에 대해 정리해보자.

우선 양자의 공통점을 들자면 첫째, 수준 높고 충실한 '일본국지'라는 것이다. 두 책은 모두 독자적인 체제에 의해 일본의 정치·사회 등의 문제뿐만 아니라 그들의 풍속·신도·불교·유학·시문 등 문화적인 측면에 대해서 상세히 기술하였다. 이 점에서 양자는 조선시대의 어떠한 일본사행록이나 견문록 또는 실학자들의 일본론보다 풍부한 내용을 가지고 있으며 인문지리서로서의 성격을 띠고 있다.

둘째, 『화국지』와 『청령국지』 모두 실용적 요소와 이용후생적 시각이 포함되어 있다. 영조대에 이르면 '지리지'에 대한 개념도 종래의 교화론적인 목적에서 벗어나 지방통치에 필요한 행적적·실용적 측면을 추구하는 경향이 생기는데, 이러한 시대적 배경과 영향도 있었을 듯하다. 양자 모두 고증학적 지향과 백과전서류의 학문방법과 내용으로 구성되었다는 점에서 유서(類書)를 편찬하였던 실학자들의 학문경향과도 연결된다.

다음으로 양자의 다른 점과 각기의 특색을 비교해 보자.

첫째, 『청령국지』는 1,2권에 각각 7개씩, 총 14개의 편목을 설정해 체계적으로 기술하였다. 이 점에서 『화국지』보다 세련되고 정돈된 느낌을 준다. 일본에 대한 백과전서적인 실용서인 『화한삼재도회』와 『화한명수』를 주된 참고서적으로 사용한 점도 특징이다. 이덕무의 명물도수학적 관심과 박학적 지향성을 엿볼 수 있는 대목이다. 또 「인물」조와 「예문」조가 전권에 배치되고 확장되었고, 「이국(異國)」이라는 항목을 설정하였다. 이것은 『화한삼재도회』를 주로 인용해 기술했는데, 『화국지』에는 없는 내용으로 동남아시아와 서양 등 해외제국에 대한 관심이 두드러진다.

둘째, 『화국지』가 경세적이고 명분적인 입장이 강하며, 와신상담의 자세로 '비왜(備倭)'란 목적에 충실하면서 조일관계사나 임진왜란사 같은 역사가 큰 비중을 차지한다. 이에 비해 『청령국지』는 이념적 시각에서 일본을 보지 않고, 일본 자체에 대한 소개가 주된 목적으로 보인다. 전체적으로 일본에 대한 체계적이고 잘 정리된 안내서이자 입문서라고 할 수 있다.

셋째, 『청령국지』는 객관적인 입장에서 정보를 제시하는 데 주력하고, 자신의 주관적 견해를 전혀 밝히지 않았다. 『청령국지』는 유용한 지식의 추구를 지향했으며 이념보다 사실과 지식을 중심한 개론서라고 할 수 있다. 이에 비해 『화국지』는 뚜렷한 주제의식과 일관된 입장이 전체를 관통하고 있는 느낌이 든다. 구체적 사건과 항목에 대해 자신의 견문과 일본문사와의 필담을 통한 대화, 양국의 서적을 치밀하게 비교 검토하면서 사실을 밝히려 노력하였고, 많은 경우에 '안설(按說)'을 두어 자신의 평가와 '해석'을 밝히고 있다. 이 점 『화국지』의 특징이자 탁월한 요소이다. 이상으로 볼 때 『청령국지』는 『화국지』와 저술의도와 편찬방식에서 차별성이 있다. 굳이 비교하자면 『청령국지』가 『해동제국기』와 유사하고, 『화국지』는 『간양록』과 정신적으로 연결된다고 볼 수 있다.

넷째, 『청령국지』는 많은 일본서적을 참고하면서 객관적이고 다양한 지식을 제공해준 공헌은 있지만 일본의 역사서와 『화한삼재도회』와 같은 서적의 내용에 대한 비판적 검토가 없다. 일본서적에 대한 사료비판적 안목이 부족하다고 볼 수 있는 것인데, 한치윤의 『해동역사』도 마찬가지이다. 이 점『청령국지』에 독자적인 견해가 제시되어 있지 않다는 사실과 함께 한계성으로 지적하지 않을 수 없다.

다섯째,『화국지』가 전체적인 내용의 분량과 풍부성 면에서는 앞서지만,『청령국지』는 독자들이 일본정보를 일목요연하게 찾아보기 편리하다는 점에서 보다 더 세련되었다고 볼 수 있다. 그런데『청령국지』는 이덕무의 기대와 달리 후대에 널리 읽혀지지는 않았던 것 같다. 당대의 지인들을 제외하고는 19세기 들어 이규경의『오주연문장전산고』, 정약용의『여유당전서』, 이유원의『임하필기』[25]에 인용되는 정도였다.

전체적으로 볼 때 사료적 가치면에서나 선후영향관계를 볼 때『화국지』가 더 선구적인 의미를 지닌 저작이라 할 수 있으며,『청령국지』는 『화국지』가 정초한 일본학의 지반을 더욱 굳건하게 다진 의미가 있다고 평가할 수 있을 것이다.

6. 이덕무의 일본인식

이덕무의 일본인식에 관해서는『조선후기 실학자의 일본관 연구』(1989)에서 상세히 논한 바가 있으므로, 특징적인 요소만 정리해 보도록 하겠다.

첫째, 이덕무는 일본에 직접 사행을 가보지는 못했지만 원중거와 성

---

25 『林下筆記』권32 旬一編「蜻蛉國」

대중을 통해 전해들은 정보와 함께 일본서적의 연구를 통해 조선후기 지식인 가운데 일본에 대해 가장 풍부한 지식을 소유하게 되었다. 『청령국지』를 비롯해 『청장관전서』에 수록되어 있는 40여 개 항목의 일본 관련 기사 등은 분량과 내용의 깊이 면에서 가장 돋보인다.

둘째, 일본이라는 국가 내지 민족에 대한 관념은 조선후기의 전통적인 일본관을 기본적으로 계승하고 있다. 일본의 천황을 '위황(僞皇)' 또는 '기군(其君)'이라 표기하고, 그 연호를 '위연호(僞年號)' 등으로 기술하고 일본에 대해 '섬오랑캐(島夷)'라고 부르기도 하였다. 그런데 이것은 중국중심의 세계질서 속에 있었던 조선의 유학자로서 당연한 인식이라고도 할 수 있다. 이 점을 제외하면 종래의 일본사행록 등에 자주 보이는 바 일본을 이적시하거나 무시하는 태도는 없다. 오히려 이덕무는 그러한 태도에 대해서는 강하게 비판하였다. 일본의 문화와 풍속에 대해 특별히 이적시하거나 야만시하지 않았으며, 일본사회의 독자성을 인정하는 입장이었다.

셋째, 일본의 문화에 대해서는 매우 긍정적으로 평가하였다. 이것은 조선의 전통적인 일본관과는 다를 뿐 아니라 자신의 일본국가관과도 다른 것이다. 일본시문에 대해서는 청비록 「왜시지초」·「청령국시선」·「일본난정집」·「겸가당」 등에서 고대부터 에도시대의 시문에 이르기까지 소개하면서 그 수준과 격을 칭찬하였다. 그는 당시 일본의 문풍(文風)이 크게 떨쳤음을 알 수 있겠다고 평가했으며, 조선 지식인들이 일본을 이적시하고 문화적으로 무시하는 태도를 비판하였다. 전체적으로 보아 이덕무의 일본인식은 상당히 객관적이다. 직접 체험보다는 전문(傳聞)

과 일본서적을 통해 얻은 것이기 때문에 주관적 감상이 절제되고 객관성을 띨 수 있었다.

　원중거가 『화국지』에서 이토 진사이와 오규 소라이를 「이단지설」로 설정한 데 비해, 『청령국지』에서는 「인물」편에 배치해 그들의 저서와 학설의 내용을 담담하게 소개하였다. 『앙엽기』 「고이논성(顧伊論性)」에서도 이토 진사이의 성리설에 대해 비판적인 논평을 했지만 그에 대해 '일본 도학의 고사(高士)'라고 높이 평가하였다. 원중거에 비해 일본의 고학파에 대한 비판적 인식이 크게 완화되었다고 할 수 있는데, 홍대용은 『일동조아』의 발문에서 그들을 더 적극적으로 옹호하였다.

제6장

원중거,
일본학을 수립하다

1. 18세기 후반 조선에서 일본학의 주춧돌을 놓다

'일본학이 성립되었다'라고 규정하는 것은 일본에 대한 이해와 지식의 수준이 하나의 학문 영역으로 발전하였다는 의미를 지니고 있다. 그것은 물론 하루아침에 이루어지는 것이 아니며 오랜 기간에 걸쳐 축적되고 발전되어온 결과물이다. 이를 위해 우선 조선시대 일본에 관한 지식과 이해의 전개과정을 살펴볼 필요가 있겠다. 조선시대 일본에 관한 대표적인 저술로는 1471년에 신숙주에 의해 편찬된 『해동제국기(海東諸國記)』와 임진왜란 후 강항이 저술한 『간양록(看羊錄)』을 들 수 있다.[1] 이 두

신숙주　　　　　　　　　　　해동제국기

---

1 『간양록』은 강항의 사후 1654년 제자인 윤순거에 의해 편집되었고 1656년에 간행되었다.

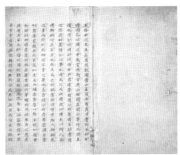

강항   간양록

책은 조선시대 일본학 성립의 한 연원을 이루었다고 할 수 있다. 그 내용이 충실한 만큼 조선후기 통신사행원이 일본에 갈 때 반드시 가지고 가는 필수참고서가 되었다. 『간양록』의 '적중봉소(敵中奉疏)', '적중문견록(敵中聞見錄)' 등은 후대 일본사행록의 「문견록(聞見錄)」의 본보기가 되었다. 강항은 피로인으로 잡혀가 체류하면서 직접적인 체험과 교류를 통해 얻은 정보인 만큼 『간양록』의 내용과 정보의 사실성은 『해동제국기』에 결코 뒤지지 않는다.

　다음으로 중요한 자료가 조선후기 통신사행원들에 의해 저술된 일본사행록이다. 사행록은 양국 간의 외교는 물론 정치·경제·사회·역사·민속·문화 등 일본의 다양한 영역에 대해 기록한 텍스트이다. 조선후기 통신사행의 과정에 대한 실록이자 조일관계의 다양한 양상을 담고 있는 사료이다. 이것들은 일본에 관한 정보와 지식이 전달되고, 인식이 생성되는 주요 경로로서의 역할을 하였다. 사행록 가운데서도 '문견록'은 사행일기와 달리 현장에서의 체험뿐 아니라 귀국 후에 이성적 상태에서 정리하고 일본을 지식의 대상으로 재구성한 것으로 '종합적 정보보고서'라고 할 수 있다.

사행록의 '문견록'은 일본의 지리·역사·경제·사회·정치 등에 대해 종합적으로 서술한 논술체의 기록이다. 현재 전하는 40여 종의 일본사행록 가운데 문견록이 있는 것은 18편에 이른다. 시기별로 나누어 보면, 17세기에 8편으로 문견록의 체제가 형성되는 시기라고 볼 수 있다. 18세기에는 10편으로 문견록이 다변화하고 지식 추구를 지향하는 시기라고 할 수 있다.[2] 대표적인 사례들을 간략하게 살펴보면, 1624년 갑자통신사행의 부사 강홍중의 『동사록(東槎錄)』「문견총록」이 최초 사례이며, 1655년 을미통신사행의 부사 남용익의 『부상록(扶桑錄)』「문견별록」, 1719년 기해통신사행의 제술관 신유한의 『해유록(海游錄)』「문견잡록」, 1748년 무진통신사행의 종사관 조명채의 『봉사일본시문견록(奉使日本時聞見錄)』「문견총록」[3] 등이 있다.

1763년 계미통신사행에서는 제술관 남옥의 『일관기』「총기(總記)」, 서기 성대중의 『일본록』, 그리고 서기 원중거의 『화국지』가 있다.[4] 남옥

---

2 정훈식, 「조선후기 통신사행록 소재 견문록의 전개 양상」, 『한국문학논총』 50, 2008.

3 4항목으로 구성되었으며, 『倭漢三才圖會』, 『武田兵書』, 『各州分形記』, '官案'(武鑑으로 추정) 등 일본 자료와 서적을 다수 참조하였다.
   "西京의 인물들이 反正의 뜻을 가지고 있고 각 주의 태수들이 막부에 대해 분노하고 있어 조만간 변란이 없으리라는 보장이 없을 것"이라고 예측한 기사가 주목되는데, 추측컨대 이것이 이익과 안정복에 전해지면서 막번체제 붕괴 예측으로 확산되었다.
   한편 정사 홍계희의 『日觀要攷』에 문견록이 있었다고 하는데 현재 전하지 않는다. 이 책의 존재 자체는 조엄의 『해사일기』와 남옥의 『일관기』에서 확인할 수 있다. 아마도 홍계희가 사행을 다녀온 후 역모에 몰려 일실되었을 가능성이 있다. 또 저자 미상의 『일본일기』에도 '총론(總論)'이란 제목하에 문견록이 있다.

4 계미통신사행의 한학압물통사 이언진도 귀국 후 일본에 관한 책을 저술하고자 하는 구상을

의『일관기』에는 10권이 '총기'로서 문견록에 해당하며, 32개 항목에 걸쳐 서술되었다. 내용을 보면 실학적 관심이 나타나 있으며, 단순히 소개하는 데 그치지 않고 안설(按說)을 통해 자신의 견해와 제언을 하기도 하였다. 예컨대 일본의 도로관리와 검문제도에 대해 "이것은 비록 오랑캐의 법이기는 하나 취해서 실행할 만하다."고 했는데, 이것은 '북학론'과 아주 유사한 논리이다. 남옥이 1770년에 죽었으므로 북학파들의 북학담론보다 앞서는 주장이며, 오히려 그들의 담론 제기에 영향을 주었을 가능성이 있다. 마지막 부분에서는 통신사외교의 개선할 점에 대한 제언도 있다. 이 점 원중거의『승사록』과 유사하다. 항목 설정과 상세한 서술은 주목할 만하지만 정보의 양과 질, 분석력과 논리성 등에서『화국지』보다는 미흡하다. 성대중의『일본록』은 주로 역사지리적인 부분에 치중하였고, 나머지 부분은 신유한『해유록』의「문견잡록」을 초록함으로써 보완하였다. 마지막에 안용복과 최천종 살해사건에 대한 다이텐(大典)의 보고서('書鈴木傳藏事')를 기술한 점은 주목되지만 상대적으로 소략하고 체계성이 부족하다.

『화국지』는 사행일기에 첨부된 문견록이 아니라 독자적인 저술이다. 문견록을 독립된 텍스트로 저술했다는 점도 최초의 사례이다. 원중거는『화국지』에서『해동제국기』를 인용해 기술했으며 문견별록의 글쓰기 전통을 계승했다고 밝혔다. 일본사행록의 문견록은 시대가 내려

하면 일본에서 자료를 모으고 있었는데, 요절하는 바람에 이루어지지 못했다. 그와 필담을 나눈 宮瀬龍門의『東槎餘談』에 의하면, 서명을 '산호철망(珊瑚鐵網)'으로 정했다고 하면서 평범한 사행일기류와 달리 인물 · 학문 · 문예 · 물산 · 초목 · 금수 등을 빠지지 않고 기술하려 한다고 나와 있다.

올수록 풍부해지고 체계성이 추가되었다. 이 글쓰기 방식이 가장 확대되고 체계화되어 일본국지적 성격을 띤 독립적인 저술로 발전한 것이 『화국지』이다.

일본사행록의 문견록에 보이는 사행원들의 자세와 인식을 종합해보면, 하나는 임진왜란에 대한 적대감과 재침에 대한 경계심이 있고, 다른 하나는 신의에 기초한 교린을 최우선과제로 인식하고 그 대책으로 문화적 교화에 노력한다는 자세를 볼 수 있다. 후자는 평화지향적이지만 화이론에 입각한 일본이적관과 문화우월의식을 바탕에 깔고 있는 것이다. 이와 더불어 일본의 현실을 직시하고 장점을 실용적인 시각에서 유심히 살피고 인정하는 태도를 보여준다. 양가적 인식태도라고 할 수 있는데, 이러한 측면은 원중거에서도 찾아볼 수 있다.

일본사행록을 중심으로 조선후기 일본에 관한 지식 생성과 축적의 과정을 정리해보면, 『해동제국기』와 『간양록』을 바탕으로 하면서 반복 → 추가 → 심화 → 체계화되어 가는 과정이라고 할 수 있다. 그 마지막이자 정점을 이루는 것이 『화국지』이며, 150여 년간에 이르는 통신사행을 통한 일본이해의 축적 결과라고 해도 좋을 것이다. 그것을 이어받아 기초를 보다 보완한 것이 이덕무의 『청령국지』라고 볼 수 있다.

조선초기 이래 꾸준히 축적되어 온 일본에 대한 각종 지식과 정보가 18세기 후반기에 이르러 질적인 변화를 일으키면서 새로운 단계로 발전하였다. '일본학'이라는 하나의 학문 영역으로 정립되었다고 볼 수 있다. 『화국지』와 『청령국지』는 조선후기 일본인식의 최고봉으로서 이 단계에 이르러 비로소 우리는 조선후기 사회에서 일본을 객관적으로 이해하며 충실한 내용과 깊이를 담보한 바 '일본학'을 수립했다고 평가할 수 있을 것이다.

필자는『화국지』와『청령국지』에 대한 기초적인 연구와 함께 원중거와 이덕무의 일본인식을 고찰하면서 두 책을 '일본국지'로서 상당한 학문적 성취를 이룩한 일본연구서로 평가한 바 있다. 1989년『조선후기 실학자의 일본관 연구』라는 연구서를 출간할 무렵, 실학자의 일본에 관한 연구와 인식에 대해 '일본학'의 성립이라고 보다 적극적으로 평가하려는 마음이 없지 않았다. 그러나 당시에는『화국지』와『청령국지』, 그리고 계미통신사행에서의 문화교류 실상에 관해 지금만큼 충실하게 연구되지 않았다. 일본문사들에 의한 필담창화집에 대한 연구도 당시 국내에서는 거의 이루어지지 않았고, 원중거와 성대중이 중심이 된 일본사행 중의 문화교류, 그것이 조선에 전해져 중국과 연결되는 북학파와의 연관성 등에 대해서도 연구가 진척되지 않았다. 그래서 결국 주저하다가 '일본학'의 성립이라는 평가는 하지 못했다. 그 후 30년 동안 기초적 분야에 관한 실증적 연구가 많이 축적되었다.『화국지』와『청령국지』가 이룬 학문적 성과에 대해 박희병 교수를 필두로 '일본학의 성립'이라고 하는 적극적 평가들이 나오고 있다. 필자도 이러한 평가에 동의하면서 보다 다양한 관점에서의 내용을 보완하려고 하는 바이다.

『화국지』와『청령국지』가 나온 시기는 홍대용의『임하경륜(林下經綸)』,『의산문답』, 박지원의『열하일기』, 박제가의『북학의』와 거의 비슷하다. 그런데『화국지』는 북학파 실학자들의 저작보다는 시기적으로 약간 더 빠르다. 양자는 문제의식과 방법론 등을 서로 주고받으면서 상호영향권 안에 있었다. 『화국지』의 항목 구성이 『북학의』와 유사한 점도 흥미롭다. 요컨대 '일본학'과 '북학'은 매우 밀접한 연관성을 지니고 있다고 할 수 있다.[5]

　18세기 후반 조선에서 청나라의 학술과 문화를 재인식하자는 북학운동, 서양의 과학기술과 이용후생 가치를 인정하고 배우자고 하는 서학운동, 일본에 대한 재인식을 주장하는 '일본학'의 조류가 비슷한 시기에 상호연관성 속에서 이루어졌다는 점이 매우 흥미로우며 주목할 가치가 있는 사회문화적 현상이었다.

2. 원중거가 끼친 영향

원중거는 사행을 출발하기 전에 동료들에게 '정주학의 전도사'를 자임할 정도로 정통주자학자였다. 사행 중에 그는 가는 곳마다 일본의 고문사학파 문사들과 치열하게 논쟁하여 쓰시마번의 호행문사들이 불편해할 정도였고, 접대할 일본문사를 선정하는 데도 애를 먹었다. 그러나 원중거는 그들과의 계속되는 토론과 논쟁을 통해 상대방의 수준과 시의 격조, 진정성을 인정하고 때로는 깊은 충격과 나아가 감명을 받기에 이르렀다. 왕로와 귀로에서 만나 교류한 쵸몬주(長門州)의 고문사학자 가쿠다이(鶴臺=瀧長愷)에 대해 "우리와 3일 동안 상대했는데 매우 기

5　박희병은 「조선의 일본학 성립: 원중거와 이덕무」(『한국문화』 61, 2013, 218쪽)에서 『북학의』의 구상과 저술에 『화국지』가 참조된 것은 분명해 보인다고 주장하였다.

쁘고 흡족하였다. 그의 풍류가 호탕하고 시의 격조가 빼어나 사랑스러 웠다."6라고 하면서 예의바르고 정중하게 응대하는 카쿠다이의 인품과 학문을 높이 평가하였다. 치쿠젠주(筑前州)의 고문사학자 카메이 로(龜 井魯)에 대해서도 사상적으로는 대립했지만 학식과 사람됨에 대해서는 칭찬하였다. 그는 이러한 사실을 국내의 지인들에게 전해야 한다는 사 명감을 가졌고, 귀국 후 사행일기인 『승사록』과 창수록으로서의 『일동 조아』를 편찬함과 동시에 깊은 조사와 연구를 통해 『화국지』라는 대작 을 저술하였다. 원중거는 종래 사행록을 구성하던 세 요소, 즉 사행일 기·문견록·창수록 부분을 내용에 따라 각기 독립된 저서로 저술한 것 이다. 이 3부작은 남옥의 3부작인 『일관기』·『일관시초』·『일관창수』와 더불어 일본사행록의 정수를 이루는 걸작이다. 단지 체재와 내용 면에 서 원중거의 저술들이 더 뛰어나다고 할 수 있다. 이 점은 비슷한 시기 에 홍대용이 연행을 갔다온 후 3부작을 저술한 것과 유사해 아주 흥미 롭다.7 실은 원중거와 홍대용 두 사람의 3부작은 상호 영향 아래 만들 어진 것으로 추정된다. 이러한 양상은 이 시기 의식의 변화상을 보여주 는 것으로 볼 수 있다. 저술방식의 변화는 의식의 변화에서 도출되는 것 으로, 새로운 의식을 담기 위해서는 새로운 양식이 필요한 것이다.

원중거가 가져온 일본문사들의 시는 연암일파 내에 공유되었고, 각

---

6   일본의 필담창화집 『歌芝照乘』

7   이에 관해서는 정훈식, 「원중거와 홍대용의 사행록을 통해 본 18세기 사행록의 향방」, 『조선통신사연구』 7, 2008 참조.

자 수집과 선시(選詩)를 통해 유통되고 체계화하는 양상을 보여준다.[8] 연암일파 외에 윤광심(尹光心, 1751~1817)도 자신의 『병세집』[9]에서 일본 문사 8인의 시 9수를 수록했는데, 세주(細注)에서 이 시들은 모두 갑신년 통신사였던 서기 원중거와 창화한 것이라고 하였다. 추측컨대 원중거의 『일동조아』를 보고 일본문사들의 시를 가려뽑은 것이라고 여겨진다.

원중거가 연암일파 내지 북학파에 속하는 인물들의 일본인식에 끼친 영향을 구체적으로 살펴보자.

1) 홍대용

원중거는 『일동조아』를 편찬한 후 홍대용에게 발문을 부탁하였다. 홍대용은 이 발문에서 일본문사들을 열거하며 "우리나라는 물론 제나라와 노나라에서도 쉽게 구하기 어려울 것이라고 평가한 뒤 좌해(左海)에 멀리 떨어진 지역이라고 어찌 깔볼 수 있겠는가?"라고 하였다. 또 이토 진사이와 오규 소라이에 대해서도 "저 두 사람의 학술은 비록 자세히 알 수 없으나 그 요체는 수신제민(修身濟民)에 있을 것이니 또한 성인의 무리이다. 그 학술대로 다스린다 해도 가하지 않겠는가? 현옹(원중거)이 '정학(正學)을 밝히고 사설(邪說)을 없앤다.'라고 한 것은 급선무라고 할 수 없다."고 비판적 입장을 밝혔다. 또 논어를 인용해 도(道)는 어

---

8 원중거의 『일동조아』에 비해 남옥의 『일관창수』가 창수집으로서 일본시문이 훨씬 많았음에도 불구하고 인적 관계와 개인적 사정 등으로 많은 영향을 끼치지 못하였다.

9 1777년에 편찬된 것으로 추정되며, 내용은 詩 2책, 文 2책으로 4책 4권의 필사본이다. 현재 국립중앙도서관에 소장되어 있다.

디든지 행해질 수 있다고 하면서 일본 문화의 독자적 가치를 옹호하였다. 그는 원중거가 고학파의 대표자인 두 사람을 이단으로 배척하는 것에 대해 그들 또한 '성인의 무리(聖人之徒)'라고 인정하고, 정통과 이단을 따지는 것이 급선무가 아니라고 하였다. 나아가 일본이 문풍이 활발해지면 무력이 약해질 것이기 때문에 서쪽의 이웃인('西隣') 우리나라도 혜택을 입을 것이라고 예측하면서, 일본 문교 발전의 계기가 된 이토 진사이와 오규 소라이 두 사람은 우리나라에도 복이며 존경받아 마땅하다고까지 주장하였다.

귀향하는 원중거에게 보낸 시에서 "진사이는 이미 봉황처럼 떨치고/ 소라이 또한 큰 선비이네. 사해는 모두 하늘이 낸 백성이니/ 현준(賢俊)은 한 지역에만 있지 않다네."라고 하였다.[10] 여기서도 홍대용은 이토 진사이와 오규 소라이를 높이 평가하면서 사해평등을 강조하였다. 『의산문답(醫山問答)』에서 표방한 바 화이일야론(華夷一也論), 역외춘추론(域外春秋論)과 같이 화이관(華夷觀)을 부정하는 홍대용의 지론과 일치하는 구절이다. 홍대용은 '인물균(人物均)'이란 대명제에 입각해 물아(物我)의 동일성을 인류·민족·국가·습속 차원에서 확인하고자 하였다.[11] 나아가 한일 양국의 관계에 대해서도 대립이 아니라 대등한 주체로서의 '관계망'으로 파악하고자 하였다.

---

10 『담헌서』 내집 권3 『贈元玄川歸田舍』
11 박희병, 「淺見絅齋와 홍대용 – 중화적 화이론의 해체양상과 그 의미」, 『대동문화연구』 40, 2002 참조.

2) 박지원

박지원은 계미통신사행의 한학압물통사로 수행하였던 이언진(李彦瑱, 1740~1766)에 관한 전기적 소설 「우상전(虞裳傳)」을 지었는데, 거기서 계미사행에서의 이언진의 활동을 소개하고 그가 남긴 「해람편(海覽篇)」을 인용해 일본의 문화와 풍습을 인용하였다.[12] 「허생전(許生傳)」에서도 나가사키의 해외무역에 관해 소개하면서 조선도 일본의 해외통상을 참고해야 한다고 주장하였다. 또 『열하일기』의 「동란섭필(銅蘭涉筆)」에서는 "일본이 강남지역과 통하면서 명 말기부터 서화와 서적, 약재 등이 나가사키에 폭주했는데, 지금 겸가당주인 목홍공(木弘恭)은 장서가 삼만 권이 있고 중국명사들과 많이 교류한다고 한다."라고 하여 오사카의 키무라 겐카도의 장서에 대한 이야기를 소개하였다. 아마도 원중거로부터 전해들었거나 혹은 성대중이 가져온 「겸가아집도」를 보았을 가능성이 있다고 생각된다.

3) 이덕무

이덕무는 이서구의 「일동시선」을 참조해 「청령국시선」을 짓는 등 자신의 시평론집인 『청비록』에서 「일본난정집」, 「겸가당」, 「왜시지초」 등 일본의 시문에 관해 다수의 항목을 설정해 소개하였다. 그밖에도 『앙엽기』, 『이목구심서』, 『천애지기서』 등에서도 일본의 문화에 관해 단편적인 기사를 다수 남겼다. 일본에 관한 이덕무의 지식은 일차적으로 원중

---

12 이언진에 관해서는 이덕무도 관심을 보이면서 『청비록』에서 「이우상」이란 항목을 설정해 소개하였다.

거와 성대중을 통해 들은 것이었다. 일본에 관한 독자적 저술인 『청령국지』는 원중거의 『화국지』를 저본으로 했다고 해도 과언이 아니다.

그런데 이덕무는 일본의 문화와 사상에 대해 원중거보다 객관적이고 긍정적인 입장에서 평가하였다. 그는 『청령국지』에서 실용적이고 가치중립적인 입장에서 그들의 문화를 소개하였다. 또 「겸가아집도」를 본 후에는 "우리나라 사람이 그들을 오랑캐라고 폄하하면서 언뜻 보고 헐뜯기만 좋아한다."라고 한 원중거의 말을 인용하면서 "조선의 풍속은 기휘하는 것이 많다. 문명의 교화는 오래되었으나 도리어 일본사람들의 협루함이 없는 것만 못하다. 그런데도 잘난 체하며 다른 나라를 업신여기니 나는 이를 매우 슬퍼한다."라고 하였다.[13] 최신의 해외정보에 무지하면서 고루함에 빠져있는 조선 지식인의 태도를 일본의 겐카도그룹이 보여준 개방적 태도와 비교하면서 비판한 것이다.

4) 유득공

유득공은 이덕무와 함께 원중거·성대중을 통해 일본의 사회상과 문장계에 관해 이야기를 들었으며 일본과 해외제국에 대해 관심을 가지게 되었다. 그는 또 세 차례에 걸친 중국사행과 홍대용·박지원 등과의 교류를 통해 개방적 세계관과 북학사상을 가지게 되었다.

그는 이덕무와 평생지우로서 일본의 문화에 관해서도 많은 대화를

---

13 『청비록』 권1 「蒹葭堂」

나누었는데,『청령국지』의 서문도 썼고,[14] 이서구의「일동시선」에 대한 서문도 썼다.『발해고』에서도 일본의『일본일사』·『속일본고』·'왜사(倭史)' 등 역사서와『화한삼재도회』를 인용하였고,『삼국지』의「왜전(倭傳)」,『북사(北史)』「일본전」등 중국사서도 같이 비교검토하였다. 또『병세집』·『건연외집』등을 편찬하면서 일본문사들의 시를 수록하였다.

그는 일본의 시문에 대해 고대 중세시기까지는 문장의 수준이 낮았고, 임진왜란 이후 중국과 단절된 이후 시의 수준이 안남이나 점성국보다 아래였다고 보았다. 그런데 근자에 나가사키를 통해 중국의 문물을 수입함에 따라 지금에는 일본시의 수준이 매우 발전했다고 평가하였다. 그는 이서구가 원중거의『일동조아』에서 67수를 선별해 편찬한「일동시선」의 서문에서 "그 시가 훌륭한 것은 삼당(三唐)에 비길 만하고 훌륭하지 못한 것도 왕세정·이반룡과 맞먹을 만하여 오랑캐들의 조잡한 소리를 일신하였으니 칭찬할 만하다."고 일본문사들의 시문 수준을 높이 평가하였다.[15]

5) 박제가

박제가의 일본에 대한 관심과 지식은 이덕무와 유득공에 비해서는 다소 떨어진다. 그는『북학의(北學議)』의「수레(車)」·「기와(甕)」·「궁실」·「역(譯)」·「약(藥)」·「녹제(祿制)」·「통강남절강상박의(通江南浙江商舶議)」등

---

14 『冷齋集』권7「蜻蛉國志序」
15 『냉재집』권7「日東詩選序」

에서 일본에 관해서 언급하고 있는데, 대부분 원중거의 『화국지』를 바탕으로 기술하였다. 그의 일본에 대한 지식은 대부분 원중거를 통한 전문에 기반을 두고 있으며 일본서적을 인용한 사례가 거의 없다.

박제가

그는 당시 조선지식인의 폐쇄적 대외인식과 일본이적관을 신랄하게 비판하였다. 그는 청뿐만 아니라 일본과 서양 등 모든 외국의 문화를 대등하게 인식하였고, 선별적으로 수용하자고 주장하였다. 그의 일본에 대한 관심도 주로 이용후생적 관점에서 일본의 기술과 제도의 장점과 실용성에 집중되어 있다. 특히 일본의 해외통상에 대해 깊은 관심을 가지면서 그것을 통해 해외문물을 수입하고 국부(國富)를 축적하고 있다고 보았다. 그는 조선도 우선적으로 청과 통상무역을 하고 나아가 해외의 여러 나라와도 교역을 해야 한다고 주장하였다. 한편 그는 원중거와 성대중을 통해 전해들은 일본문장계의 소식과 문사들의 시문을 보면서 공감을 느꼈던 것 같다. 「장난삼아 왕어양의 세모회인 60수를 본떠 짓다(戲倣汪魚洋歲暮懷人六十首)」라는 시에서 키무라 겐카도·치쿠조(竺常)·타키 쵸가이 등 5인의 일본문사를 등장시켰는데, 이것은 매우 흥미로운 사실로 그의 병세의식을 선명하게 보여주고 있는 것이다.

6) 이서구

이서구는 이덕무·유득공·박제가와 함께 후기한시사가로 불리면서 교류한 사이로서 일본에 관해서도 공동관심사로 토론하였다. 그는 유 득공 등과 같이 『건연외집』을 편집할 때 여기에 수록할 일본시를 선정하 였다. 원중거의 『일동조아』를 참고해 일본시 67수를 따로 뽑아 「일동시 선」을 편찬하였고, 이덕무의 『청령국지』에 서문을 쓰기도 하였다. 또 이 덕무와 일본에서 모각한 비문에 대해서 의견을 교환하기도 하였다.[16]

원중거가 전해준 일본 정보는 홍대용·박지원·이덕무·유득공·박제 가·이서구 등 북학파 실학자들의 일본인식 형성에 큰 영향을 주었다. 이들은 모두 연행 체험을 통해 개방적 세계관과 실용주의에 입각해 청

이서구
(국립중앙박물관 소장)

의 문물도 필요하면 수용하자는 '북학(北 學)'을 제창했는데, 이들의 가치관과 세계 관에서는 청뿐만 아니라 일본과 서양 또한 실용에 도움이 된다면 수용하는 데 논리적 으로 모순이 없다. 이들은 일본사행을 한 적은 없었지만 원중거와 성대중을 통해 일 본사회와 문물에 관해 들으며 관심을 가지 게 되었고, 일부는 학문적 호기심을 가지 고 일본서적을 구해 보며 서로 자료를 교 환하고 토론하는 과정을 통해 이해의 깊이

---

16 『아정유고』 권6 「與李洛瑞書九書」

를 더하였다. 이들의 일본인식 또한 자연히 원중거의 일본문화관이나 전망 등에서 영향받은 바가 크다는 사실을 알 수 있다.

정약용

이들뿐만 아니라 18세기 말 19세기 전반기 실학자들의 일본인식을 보면 원중거의 영향이 적지 않다고 여겨진다. 예컨대 정약용의 「일본론(日本論)」·「기예론(技藝論)」·「시이아(示二兒)」 등에 나와 있는 일본문화에 대한 인식과 평가는 원중거의 그것과 유사한 점이 많다. 또 김정희의 일본시문과 문화전반에 관한 평가를 보면 원중거가 말한 바와 거의 동일함을 알 수 있다. 정약용은 원중거가 교류했던 이가환·박제가와 아주 가깝게 지냈으며, 김정희는 당색과 학맥으로 볼 때 연암일파의 영향권 안에 있었던 인사이다. 원중거의 일본문화관과 일본정세에 대한 전망은 18세기 말 내지 19세기 초엽에 있어서 조선의 실학적 지식인의 일본인식에 있어서 하나의 토대를 제공했다고 볼 수 있다.

김정희

여기에는 원중거의 일본사회와 문화에 대한 낙관적인 전망과 기대가 큰 역할을 하였다고 여겨진다. 원중거는 일본의 문화와 풍속을 평가할 때 기본적으로 화이관적 인식 위에 일본이적관을 가지고 있었다. 그러나 『승사록』의 곳곳에서 사행 중에 만난 일본문사 가운데 일본의 풍속에 부끄러움을 느껴 중화로 나아가려는 사람들이 일본인들이 있음을 강조하였다.

> "날마다 어진 선비를 만나 풍요(風謠)를 묵묵히 살펴보니 귀국의 문명의 운세는 날로 열릴 것이다. (중략) 바라건대 서로 노력하여 스스로 한계를 설정하거나 자포자기하지 않아야 할 것이다. (중략) 일본이 인의예악으로 제도를 만들어 정치를 한다면 우리나라는 동쪽의 근심이 영원히 없을 것이다."[17]

대마도에서 사행을 마무리하면서 쓴 글로써 총체적인 결론이라고도 할 수 있다. 직접 일본인을 만나 교류한 그는 총명하고 명민하며 선을 좋아하는 그들의 심성에서 인(仁)을 공유할 수 있는 단서를 공유할 수 있다고 확신하였다. 유교문화로 개명할 수 있는 가능성과 징조로 파악하면서 미래에 대한 조심스러운 낙관과 함께 동문(同文)으로서의 평화공존하는 세상을 희구하였다. 그는 "어떤 사람은 이 도가 다시 동해를 건너갈까 저어하기도 한다. 아! 이 도는 우리가 독점해 사사로이 가지는 것이 아니다. 저들과 공유하더라도 무슨 상함이 있겠는가?"[18]라고 하면서 동문의식에 입각한 개방적 자세를 강조하였다. 그는 일본 사상계

---

17 『승사록』 권4 갑신년 6월 14일조
18 『승사록』 권2 갑신년 3월 10일조

의 장래에 대해 지금 일부에서 고문사학에 경도되어 있지만, 장래에 소라이의 사상을 수정해 정도(正道)로 돌아오게 할 또 다른 사람이 나타나 일본이 조선과 같은 도를 공유할 수 있는 세계가 올 것으로 기대하였다.

원중거는 일본 문풍(文風)의 성장을 인정하였고, 일본과 유교문화를 공유하기 위해서는 인(仁)을 일본으로 확대해 그들을 교화함으로써 평화적으로 공존할 수 있다고 생각하였다. 또 그것이 양국의 평화를 증진시킬 수 있는 관건이라고 보았기 때문에 적극적으로 지원해야 한다고 주장하였다. 이를 위해 원중거는 다이텐(大典)을 비롯한 일본문사들에게 과거제도에 대한 정보를 적극적으로 제공해주었다. 일본의 학문과 문화가 발전하기를 진실로 기원하였으며, 태학두 하야시가(林家)를 만나서는 정주학 육성방안을 진지하게 권유하였다. 그래서 일본에 정학을 보급하기 위해서 『소학』·『성학십도』·『격몽요결』·『상례비요』·『동몽선습』·『퇴계집』·『의례문해』 등 조선의 성리학서와 예학서 등을 전해주어야 한다고 강조하였다.[19] 1712년 이후 조선에서는 국가기밀을 유출할 수 있는 서적이 일본으로 유출되는 것을 우려해 금지시켰다. 그 후에도 여전히 유출은 지속되었는데, 원중거는 조선서적이 일본에 전해지는 것에 대해 긍정적이었을 뿐 아니라 앞으로 사행에서는 많은 서적을 가져가 일본에 전해야 한다고 강조하였다. 이 점도 매우 독특한 주장으로 주목된다.

일본의 문화를 발전시킴으로써 무력을 약화시킬 수 있다는 관념은

19 『승사록』 권4 갑신년 6월 14일조

이익

조선에서는 일반화된 인식이었다. 조정에서는 통신사를 문화사절단으로서 일본을 교화시킨다는 사명을 부여했고, 사행원들 스스로 그러한 인식을 가지고 있었다. 임진왜란 후 조일 양국, 나아가 동아시아세계가 평화를 유지할 수 있었던 이유는 학문과 문화의 힘이라고 인식되었다. 이러한 인식은 허목·이익·정약용 같은 남인계 실학자뿐 아니라 홍대용·유득공 등 북학파 실학자도 마찬가지였다. 일본에 직접 가보지 않았던 지식인이 일본문화에 대해 더 적극적으로 평가하고 희망적 기대를 하였다. 그들은 통신사행원들이 전한 일본문화계의 소식을 접하고, 일본문화의 발전상을 인정하면서 이제 일본은 침략할 우려가 없다는 낙관론을 제시하기도 하였다. 그 중에서도 홍대용과 정약용이 가장 낙관적인 전망과 기대를 피력하였다.

그런데 일본을 이성적으로 이해하고자 했던 일본학의 흐름이 19세기 들어 지속되지 못하고 단절된 것은 안타깝고 유감스럽다. 한일 양국뿐만 아니라 동아시아를 위해서도 불행한 일이다. 18세기 후반기는 동북아시아의 세 나라에서 문운이 가장 활발하던 시기이고 조선으로서도 문예부흥에 열의를 가진 군주의 시대였다. 그런데 정조대에는 통신사 파견이 한 차례도 이루어지지 못하였다. 양국의 국내사정과 서양세력의 진출로 통신사파견 교섭이 수차례 연기되다가 결국 1811년에 대마도에서 국서를 교환하는 왜곡된 형태로 진행되었고, 그것을 마지막으로 통신사는 두절되었다. 양국의 문화교류도 물론 지속되지 못하고 단절되었다. 이덕무는 통신사로 가기 위해 치밀한 준비까지 하면서 기대했지만 결국 기회를 얻지 못하였다. 만일 정조대에 통신사 파견이 이루어지고 이덕무도 참여했다면 계미통신사행보다 더 수준 높은 교류와 의미있는 결과가 나올 수 있었을 것이다. 나아가 동아시아의 문화적 세계와 문화교류는 훨씬 풍요로워졌을 것이다.

19세기 들어 양국의 정치체제는 보수화되었고 대외인식도 폐쇄적으로 바뀌었다. 조선의 경우 세도정치기에 들어서면서 개혁적 사상운동이었던 실학을 탄압하였고, 이와 연결된 북학·서학도 탄압을 받아 심각하게 위축되었다. 일본학 연구 흐름도 마찬가지이다. 북학은 표면적으로는 지속되었지만 개혁성은 후퇴하고 퇴영적인 사대외교정책으로만 남아 변질되었다. 이 시기에 들어오면 서양세력의 동아시아 진출이라는 새로운 상황이 전개되면서 조선과 일본 모두 상대국에 대한 외교적 비중과 관심도가 떨어졌다.

통신사 연구의 방향에 대한 제언을 한 가지 하자면, 무엇보다 동아시아적 시각에서 보다 구조적으로 접근하는 자세가 필요하다고 생각된다. 지금까지 통신사행에 대한 시각이 한일 양국의 양자 간 구도 속에서만 파악하였고 그것도 민족주의의 과잉의식하에 대립구도적인 시각에서 보아온 요소가 적지 않다. 시야를 넓혀 동아시아적인 구조 속에서 파악하려는 시도가 절실하다. 근세에는 조선·중국·일본 모두 해금체제하에 '쇄국정책'을 취하고 있었으며 그 이전의 시기보다 폐쇄적이

연행사와 통신사

—— 연행사
—— 통신사

청　성경(선양)
　책문
연경(베이징)　산해관
　평양　조선
　한양
　　동래　아카마가세키
　　쓰시마　(시모노세키)
일본
에도(도쿄)
나고야
교토　하마마쓰
　오사카
가미노세키

연행사 행렬 | 베이징으로 가는 연행길은 청 대의 경우 육로를 이용하였다. 그 거리는 1,200여 km로 가는 길이 50~60여 일, 오는 길이 50여 일 정도 걸렸으며, 베이징에는 5개월 정도 머물렀다. 3사 등 정식 사절단 30여 명을 포함하여 전체 일행은 2백~3백 명 안팎이었다.

통신사 행렬 | 200여 년 동안 12회 파견되었으며, 인원은 300~500여 명이었다. 한양에서 에도까지 4~5개월이 걸렸으며, 쓰시마에서 10~20일 머물고, 에도에서 20~30일간 머물렀다.

가미노세키에 입항하는 통신사 일행

연행사 사절도

었다. 정부 간의 공식적인 사절단의 왕래를 제외하고는 민간의 교류가 철저히 금지되었다. 이러한 상황하에서 조선의 통신사와 부경사(赴京使 =연행사)는 동아시아를 관통하는 거의 '유일한' 정보통로였다고 할 수 있다. 동시에 한양을 허브로 하면서 중국의 옌칭(燕京)과 일본의 에도(江戶)를 연결하는 문화의 도관(導管)이었다. 조선의 지식인은 부경사와 통신사를 통해 청과 일본뿐 아니라 만주와 몽골, 유구와 안남의 시문까지 아우를 수 있는 위치에 있었기 때문에 동아시아문화교류의 허브로 기능할 수 있었다.

　　요즈음 동북아시아 공동체와 동북아 삼국의 문화교류와 관련해 베세토(Beseto : 베이징~서울~도쿄)란 용어가 유행하고 있다. 조선시대 통신사와 부경사야말로 서울을 중심으로 하면서 중국의 베이징과 일본의 도쿄를 연결하는 문화의 고속도로였다. 앞으로 통신사와 부경사를 매개로 한 동북아시아 세 나라의 문화교류를 바탕으로 삼국의 문화와 학술의 위상을 정립해볼 수 있을 것이며, 나아가 통신사와 부경사가 일본과 중국에서 얻은 학술과 문화 정보가 한국에서 어떻게 수용되었고 서로 교차하면서 상대국에 영향을 끼쳤는가를 밝히는 작업이 중요한 연구과제이다.

제7장

병세의식과 동문의식,
그리고
'동아시아문예공화국'

1. 병세의식과 동문의식

1763년의 계미통신사행에서의 문화 교류는 역대 가장 활발하였다. 그러한 교류의 결과 다양한 일본사행록과 필담창화집이 저술되었다. 14종에 달하는 일본사행록은 서술주체와 형태와 내용면에서도 높은 수준을 이루었다. 일본에서도 역대 통신사행 가운데 가장 많은 43종의 필담창화집이 저술되었다.

통신사행원들은 일본 문사들과 직접 만남과 교류를 통해 일본인관에 변화가 일어났다. 그들은 일본 문사들이 보여준 인정에 공감하면서 인간으로서의 동질성을 자각하였다.

이 사행에서는 일본의 학문적 성숙으로 인해 종래의 일방적 전수에서 대등한 입장에서 논쟁을 벌이는 양상이 나타났는데 이 점도 새로운 변화상이다. 그런데 양국 지식인 사이의 교류에서 대립과 경쟁의식으로 격렬한 논쟁만 벌인 것은 아니었다. 실은 인간적인 만남과 우호적인 교류가 훨씬 많았다.

원중거와 성대중은 일본문사들과 교류하면서 진심을 느꼈고 동질성을 확인하였다. 헤어질 때 도쿄의 문사들이 시나가와까지 와서 송별하였고, 교토와 오사카의 문사들도 바닷가까지 나와 통곡을 하면서 이별을 아쉬워하고, 송별시와 서간문을 보내었다.[1] 이에 대해 두 사람은 귀국 후에도 회답서신과 시를 보내었다. 이러한 사건들은 원중거의 의식변화에 큰 요인이 되었으며 천애지기론(天涯知己論)에 입각한 병세의식(竝世意識)을 갖기에 이르렀다. 그는 비록 일본문사들과 주자성리학과 고문사학을 둘러싸고 치열한 논쟁을 벌였지만 사상이 달라도 상대방의 진정성과 열정, 학문적 수준에 대해서는 흔쾌하게 인정하였다. 이토 진사이나 오규 소라이에 대해 '이단'으로 규정했지만 그들의 학문적 수준과 공로를 높이 평가하였다. 깊은 교류와 진지한 대화를 통해 동문의식(同文意識)도 확인할 수 있었다.

여기서는 이들과 일본문사들이 공유하였던 병세의식과 동문의식에 관해 좀 더 구체적으로 살펴보도록 하겠다. 특히 사문사와 오사카의 키무라 호코(木村弘恭) 일파와의 교류는 상호존중하는 분위기 속에서의 고담준론이었으며, 병세의식을 공유하는 자리이기도 하였다. 그 교류의 분위기는 성대중이 가져온 「겸가아집도(蒹葭雅集圖)」에 잘 나타나 있다. 원중거의 『일동조아』와 함께 연암일파 문인들에게 큰 반향을 일으킨 「겸가아집도」에 대해 좀 더 자세하게 알아보자.

1) 성대중과 겐카도의 교류

겐카도는 누구인가?

키무라 겐카도(木村蒹葭堂, 1736~1802)는 이름이 호코(弘恭), 자는 세슈

---

1 大典顯常, 『萍遇錄』

키무라 겐카도(木村蒹葭堂)

쿠(世肅)이고 겐카도는 호이다. 오사카 출신으로 조주가(造酒家)의 아들로 가업을 이었고, 18세에 교토로 가 가타야마 홋카이(片山北海)의 문하에 입문하였다. 23세에 겸가당회(蒹葭堂會)를 주최했는데, 이 모임이 계미사행 귀국 직후 결성된 혼돈시사(混沌詩社)로 발전한다. 겸가당회는 월 1회 모이는 독서회로 책을 읽고 시를 짓는 사교모임이었는데, 이를 통해 그는 오사카 문화계의 명사로 알려졌다. 그가 오사카를 방문한 계미통신사행원들을 만난 것은 29세 때였다. 그의 그림 스승인 오오카 슌보쿠(大岡春卜)는 1748년 무진통신사행의 화원인 이성린(李聖麟)과 교류한 것으로 유명하다. 겐카도는 1764년 이케다 타이가(池田大雅)와 함께 통신사 일행을 만났다. 원중거는 겐카도에 대해 "겐카도는 도장으로 이름났는데 바람에 나부끼듯이 재주가 있었으며 오사카에서 가장 좋은 술집에서 술을 준비하였다. 또 나가사키에서 책을 구매했는데 남경의 책을 많이 구하였다. 강가에다 집을 짓고 겸가당이라는 현판을 걸어두었는데 장서가 삼만 권에 이른다고 한다."고 소개하였다.[2]

겐카도를 중심으로 한 문예인들의 살롱인 겸가당회는 다양한 사람, 즉 계급적·직업적 차이를 넘어 한문의 지식과 교양을 매개로 한 모임

---

2 『승사록』 권3 갑신년 5월 7일조

이다. 이후 이들이 결성한 혼돈시사에도
상인·승려·무사·학자 등 다양한 계층
의 인물이 참여하였다.

다이텐 켄죠(大典顕常)

　성대중은 왕로에 아이노시마(藍島)에서
만난 가메이 난메이(龜井南冥, 1743~1814)
를 통해 겐카도의 명성을 들었으므로 오
사카에서 처음 만났을 때 기뻐했다고 하
며, 그 후 몇 차례에 걸쳐 교류하였다. 그
런데 1764년 4월 7일 오사카에서 도훈도
최천종이 대마번의 소통사 스즈키 덴쵸
(鈴木傳藏)에게 살해되는 미증유의 불상사가 발생하였다. 이 사건으로 양
국 문사들의 교류가 금지되었으므로 두 사람은 직접 만날 수 없었다. 이
에 성대중은 겐카도에게 서신을 보내 겸가당회에 참석할 수 없으니 그
모임의 모습을 그림으로 그려달라고 요청하였다. 이에 겐카도는 호행
문사(朝鮮修文職)인 승려 다이텐 켄죠(大典顕常, 1719~1801)와 의논한 후
「겸가아집도」를 완성해 성대중에게 전달하였다.

2) 겸가아집도

　이덕무의 『청비록』「겸가당」조에 「겸가아집도」의 제작 경위와 내용
에 대한 설명이 나온다.

　　"갑신년 성대중이 일본에 갔는데 세슈쿠(世肅)에게 아집도를 만들어 달라고 청

하였다. 세슈쿠가 손수 비단에 그림을 그려 두루마리를 만들고 다른 모든 이들이 두루마리 끝에 시를 적었다. 글과 그림이 모두 일품이었다. 치쿠죠(竺常=大典의 별호)가 서문을 지었는데 그는 승려이고 전고(典故)에 밝으며 성품도 침착 돈후하였다. 죠오(淨王, 승려로 본명은 聞中淨復)는 치쿠죠의 문도인데 사람이 청초하여 가까이할 만했고, 고리(合離, 細合半齋, 별호는 斗南) 또한 뛰어난 인재였다. 두루마리 뒤에 9인이 열서하였다."

키무라 겐카도에 대한 신상정보와 겸가당회원들의 이름, 성대중이 아집도를 얻은 경위, 아집도의 시와 그림, 글에 대한 평가로 구성되어 있다.

「겸가아집도」의 제작과정에 대해서는 다이텐(大典顯常, 1719~1801, 竺常은 별호)이 지은 『평우록(萍遇錄)』에 상세한 기사가 있다. 그것을 바탕으로 정리해 보면 다음과 같다. 성대중과 다이텐(大典)은 최천종 살해사건 와중에도 겸가아집도에 대한 상담을 진행하였다. 1764년 4월 12일

키무라 겐카도의 묘

화승(畵僧)인 슈케이(周奎)에게 그림을 부탁하였는데, 4월 20일 최천종 피살 사건 이후 처음으로 다이텐이 객관을 방문하였다.[3] 이전에 성대중이 겐카도에게 편지로 부탁한 낭화춘효도(浪華春曉圖)와 겸가아집도(蒹葭雅集

---

3 슈케이의 호는 羽山이고, 후에 相國寺의 115대 주지승이 된 인물이다. 남옥과 성대중이 그에게 그림을 요청했다는 기록이 『萍遇錄』에 나온다.

겸가아집도(부분)

圖)에 관해 묻고, 다이텐의 서문에 대한 진척상황을 문의하였다. 5월 3일 다이텐이 다시 객관을 방문했을 때 겸가아집도의 서문을 보여주었고, 성대중이 그것에 대한 의견을 제시하였다. 5월 5일 다이텐이 완성된 「겸가아집도」와 「서영목전장서(書鈴木傳藏事)」를 가지고 숙소에 와서 전달하였다.

「겸가아집도」는 성대중의 아들 성해응을 거쳐 후손들에게 전해졌는데[4] 조선총독부를 거쳐 현재 국립중앙박물관에 소장되어 있다. 이덕무는 성대중으로부터 이것을 빌려보고 『청비록』과 『이목구심서』에 화권의 시와 서문을 기록하였다.

내용과 구성을 보면, 맨 앞에 성대중이 써서 붙인 시(1768년 작)가 있고, 다이텐이 쓴 '겸가아집지도(兼葭雅集之圖)'라는 제자(題字), 겐카도가 그린 아집도가 나온다. 겐카도의 그림은 겸가당을 중심으로 문인들의 모습과 주위의 봄풍경을 그린 것으로 성대중이 부탁한 낭화춘효도와 겸가아집도를 하나로 합쳐 그린 그림으로 보인다. 이어 시축(詩軸)에는 고리(合離=細合半齋), 후쿠하라 쇼메이(福原承明=福尙修), 카츠 도안(葛蕰庵=葛張), 오카 로안(岡魯庵=罡元鳳), 승려 죠오(淨王=聞中淨復), 키무라 호코(木弘恭=兼葭堂), 가타야마 홋카이(片山北海=北海片瀚) 7인의 시가 있고, 다이텐(大典顯常=竺常)이 쓴 서문과 주기(注記)가 있다. 두루마리의 높이는 32.5cm, 길이 413.5cm인데, 성대중의 시가 29cm를 차지한다.[5]

---

4 『研經齋全集』 속집 권16 「題兼葭堂雅集圖」
5 김문경, 「평우록 해제」, 『18세기 일본지식인 조선을 엿보다』, 2013, 성균관대 출판부.

이와 함께 후쿠하라 쇼메이와 겐카도가 각각 8과(顆) 15면(面), 20과 29면을 전각하여 통신사일행(사문사와 사자관, 화원 등)에게 선물로 증정하였고,「동화명공인보(東華名公印譜)」를 첨부하였다.[6]

3) 병세의식(竝世意識)

병세의식에 대해서는 정민 교수가 명쾌하게 정의를 내린 바 있다.

> "한 세상을 더불어 살아가고 있다는 생각에서 비롯된 연대의식이다. 전 시기 상우천고(尙友千古)를 말하던 시간 중심의 사유가 당대성과 동시대성을 중시한 천애지기(天涯知己)의 공간 중심의 사유로 변했다. 이는 신분과 국경의 경계를 넘어, 동시대 지식인 집단 사이의 수평적 사유가 가능해진 것을 의미한다."[7]

다시 말하면 옛사람(古人)이나 옛일(古事)에서 벗어나 같은 시대(竝世)의 인물이나 사정으로 지식의 범위가 수평적으로 확대되는 사유방식을 가리키는 것이다. 동시대와 동시대인에 대한 관심이 바로 '병세의식'이라고 할 수 있다.

18세기 후반 특히 연암일파에서는 옛사람의 전통적 가치를 존중하는 상우천고의 관점에서 동시대인의 지식과 문화에 대한 관심을 보여주는 천애지기의 관점으로 변화하는 양상을 보여주었다. 특히 이들은

---

6 성대중의 『일본록』 4월 초5일, 김인겸의 『일동장유가』 4월 초5일
7 정민, 「18, 19세기 조선 지식인의 병세의식」, 『한국문화』 54, 2011.

청과 일본으로 사행 가서 외국인과 교류한 체험을 가졌기 때문에 병세의식이 국외까지 확대되었다. 시기적으로 볼 때 원중거와 성대중의 일본사행과 홍대용의 연행 체험에서 촉발되었다고 볼 수 있다.

1765년 홍대용이 부경사로 연경에 가서 중국의 문사들과 교유한 내용을 귀국 후 연암일파에게 전하였다. 이것이 큰 반향을 일으키며 천애지기의 교우론이 확산하는 계기가 되었다. 홍대용은 이때 항주의 선비인 엄성·육비·반정균과 교유한 후 서간·시문·필담을 모아와 연암일파에서 공유하였다. 이덕무는『청비록』에서 1766년 홍대용이 연행 후 저술한『회우록(會友錄)』을 참조해「육비」·「엄성」·「반정균」에 관한 항목을 설정해 기술하였다. 또 그는 홍대용의『회우록』과 김재행(金在行)의「중조학사서한(中朝學士書翰)」에서 시를 뽑고, 원중거·성대중과 교류한 일본문사들의 시문을 선별해『천애지기서(天涯知己書)』를 만들었다.

유득공도『병세집』에서「목홍공(木弘恭)」조를 설정해 겸가당과 겸가아집도에 대해 소개하였다. 그는 병세집 서문에서 중국의 옛 인물과 문화의 성대함을 존숭하면서 나와 같은 시대에 어떤 인물이 있는지 모르고 있었다고 하면서, 연행을 통해 교류한 동시대 문사들과의 창수시 중심으로 하면서 일본과 안남, 유구 세 나라의 시도 뽑아 두 권으로 만들었다고 하였다. 이와 같이 이덕무와 유득공은『일동조아』와「겸가아집도」에서 시를 뽑아 책을 편찬했으며, 윤광심도 자신의『병세집』에서 일본문사들의 시와「동화명공인보」에 대한 기록을 남겼다. 당시 서울을 중심으로 하는 일군의 지식인들은 해외교류체험을 기록해 다른 사람들과 공유하고자 했는데 이것을 병세의식의 발로라고 할 수 있다.

그런데 주목해야 할 점은 홍대용의 연행 직전에 1763년 계미통신사행에서 성대중이 겐카도일파와 교류한 내용을 담은 「겸가아집도」와 원중거가 『일동조아』를 편찬해 전파한 사실이다. 그들은 또 자신이 지은 사행록에서 일본의 문화에 대해 재인식할 것을 주장했는데, 이것은 홍대용의 연행체험과 북학제창운동과 아주 유사하다. 시간적으로 보면 전자가 선행하기 때문에 원중거와 성대중의 체험과 공유가 홍대용에게 영향을 주었을 가능성이 충분히 있다고 생각된다.[8]

4) 동문의식(同文意識)

동문(同文)의 어원은 『중용장구(中庸章句)』에 나오는 바 "지금 천하는 수레바퀴의 궤를 같이하고, 같은 문자로 글을 쓰며, 같은 윤리로 행한다."[9]에서 나온 것이라고 한다. 동문의식이란 같은 문자인 한문을 사용하고 유교문화를 공유하는 데서 오는 문화적 유대감이라 할 수 있다.

전근대 동아시아에서는 외교무대에서 국제공용어인 한문을 통해 교류를 했는데, 그 바탕에서 같은 마음과 문화를 공유한다는 의식이다. 중국을 중심으로 하는 관념 위에 형성되었다는 한계가 있지만 '동일한 역사적·문화적 권역'이라는 보편적 가치를 추구하는 적극적인 요소도 있다. 중국 이외의 지역의 지식인들이 가졌던 동문의식은 후자를 바탕

---

8 다카하시 히로미는 두 사람의 겐카도그룹과의 교유체험이 연암일파 내에서 공유되고, 그 직후 연행을 떠난 홍대용의 청조문사들과의 교유에 영향을 미쳤다고 보았다.(高橋博巳, 「通信使·北學派·蒹葭堂」, 『조선통신사연구』 4, 2007)

9 『中庸章句』 28장, "今天下 車同軌 書同文 行同倫"

으로 한 것이라고 생각된다. "문이 같으면 마음도 같다."[10]는 관념에서
유추해 "일본인과 보편적 윤리인 도(道)를 같이할 수 있다."는 동문의식
으로 연결될 수 있다.

계미사행에서 조일 양국의 문사들은 진정을 담은 교류를 통해 교감
과 유대의식을 가지게 되었다. 사문사들은 이들과의 감정적 교류를 사
행록에서 사실적으로 묘사해 국내에 전함으로써 국내 지식인들의 일
본인식 변화에 큰 영향을 끼쳤다. 감정적 유대의식은 미래에 대한 희망
으로 이어졌으며, 나아가 평화적 공존을 지향하는 사유로 전개되었다.
원중거는 일본과 도를 같이하는 동문의 세계를 꿈꾸었다.

> "저들이 만약 예의와 염치를 알아 도리로 일을 처리한다면 또한 하나의 군자
> 국이 될 것이며, 교제하는 의도 절로 밝아질 것이다. 그렇게 되면 군사를 일으
> 켜 대중을 움직이기를 기다리지 않아도 변방에 놀랄 일이 없어질 것이며 바다
> 의 파도도 드날리지 않을 것이다."[11]

사행을 마무리하면서 대마도에서 회고한 말이다. 일본이 예의와 염
치를 알고 같은 유교문화를 수용하면 동아시아에 평화가 찾아올 것이
라는 기대감을 표시한 것이다. 이러한 인식은 그 후 홍대용과 정약용에
게도 영향을 주어 그들 또한 동문의식에 기반한 평화주의 의식을 강조

---

10 李陸, 『靑坡集』 권2 "天下之文同 天下之心同也 文同而心亦同"
11 『승사록』 권4 갑신년 6월 14일조

하였다. 요약하면 그들은 진정한 교류를 통해 유대의식을 느끼면서 동문의식을 재확인하였고, '선왕동문의 치세(先王同文之治)'가 현실에서 구현될 수 있다는 국제평화의식으로 발전하였다.

2. 동아시아 '문예공화국' 논의

다이텐은 겸가아집도 서문에서 "겸가당의 아집(雅集)은 문(文)이 같기 때문이다. 사람들의 뜻이 각각 다르고 도(道)가 같지 않은데도 서로 즐기며 유유자적하였다."라고 하여 겸가당회의 살롱적 성격을 강조하였다. 젠카도가 주도한 겸가당회는 신분과 직업을 넘어서는 자유롭고 평등한 학술문화모임의 상징적 존재로 일본 학계의 일부에서는 문예공화국 내지 '지식공화국'으로 평가하고 있다. 예컨대 나카무라 신이치로(中村眞一郎)는 『키무라 겐카도의 살롱』(2002)에서 그러한 주장을 최초로 하였고, 이어 다카하시 히로미(高橋博巳)가 『동아시아의 문예공화국: 통신사, 북학파, 겸가당』(2008)에서 겐카도그룹과 통신사 및 연행사를 포괄해 동아시아로 시야를 확대하였다. 다이텐이 성대중에게 「겸가아집도」를 전하면서 겐카도회의 일행이 "가지고 가서 만리 밖에 있는 우리를 보듯 해주시오."라고 했다고 하면서 "아! 성공(成公)의 마음과 겐카도회 문인들의 마음이 어찌 다르겠는가? 그렇다면 세슈쿠(世肅)의 교제가 한 고을 한 나라로부터 사해(四海)에까지 이른 것이 확실하도다!"라고 토로하였다.[12] 즉 다이텐은「겸가아집도」에서 보이는 바 일본 국내의 '문예공화국'이 통신사를 통해 조선에 퍼지게 된 것으로 인식하였다.[13]

성대중이 전해준「겸가아집도」와 원중거의『일동조아』는 일본에 대한 연암일파의 관심을 불러일으켰다. 홍대용은 1765년 연행 후 중국 문사들과의 교유내용을 정리해『회우록(會友錄)』을 저술하였다. 이를 계기로 연암일파의 문사들은 청의 문화에 본격적으로 관심을 가지게 되었고, 천애지기의 우도론(友道論)과 같은 동아시아 교유론이 유행하였다. 이덕무의『천애지기서』, 유득공의『병세집』, 윤광심의『병세집』, 유득공·이서구 등이 편찬한『건연외집』과 같은 서적이 그러한 의식의 산물이다. 그들은 국내의 시뿐만 아니라 중국·일본·안남·유구 등의 시문을 같은 눈높이에서 포괄하고자 하였다. 통신사와 부경사를 통해 청, 일본 문사들과 나눈 교류체험을 국내지식인들도 공유하면서 동시대의 해외인사와 문화에 대한 관심을 보여주었다. 그들을 천애지기로 인식하는 관념이 바로 병세의식이다. 이러한 조류가 형성되었던 요인으로 국내에서는 그동안 홍대용의 영향을 중시했는데, 다카하시는 1763년 계미통신사행에서 원중거와 성대중이 겐카도그룹을 비롯한 일본문사들과의 교유체험이 1765년 홍대용의 연행에서의 교류로 영향을 끼쳤다고 보았다. 앞으로 일본사행과 연행의 선후 연관관계를 상세하게 분석할 필요가 있다고 생각된다.

---

12 『청비록』 권1 「蒹葭堂」
13 大典顯常, 『萍遇錄』

「겸가아집도」와 더불어 중요한 역할을 한 것이 『일동조아』이다. 원중거는 나가사키를 통해 중국서적을 수입하면서 일본의 문교가 점차 개화하고 있다는 정보를 조선에 전하였고, 일본문사들과 창수한 시와 증별시를 모아 『일동조아』를 편찬해 연암일파 지식인들의 큰 관심을 끌었다. 박제가는 「장난삼아 왕어양의 세모회인 시를 본떠 60수를 짓다(戲倣汪魚洋歲暮懷人六十首)」에서 원중거와 교류한 일본문사, 특히 타키 가쿠다이(瀧鶴臺)에 대한 시를 지었다. 유득공은 그를 조선 및 중국의 문사들과 함께 '어진 선비'로 포함시켰다. 타키는 원중거와 주자학과 고문사학을 둘러싸고 치열하게 논쟁한 인물이다. 사상논쟁에서는 합의에 이르지 못하고 평행선을 달렸지만 원중거는 그의 진정성 있는 태도를 주시하면서 조선에 돌아와 "박학하고 근후하며 풍채와 위의도 볼 만했다."고 칭찬하면서 훌륭한 문인으로 소개하였다.[14]

홍대용도 원중거에게 보낸 시에서 "아침에는 도난(斗南=合離)에게 강론하고/ 저녁에는 가쿠다이(鶴臺)와 논하겠지/ 언어와 모습은 다르지만/ 기의(氣義)는 우리와 같다네."라고 하여 원중거가 전원생활을 하면서 일본문사들과 상상 속에서 교류하는 모습을 그렸다.[15]

원중거도 홍대용의 『건정필담(乾淨筆談)』에 발문을 썼다.

"내가 건정필담을 읽으면 돛을 내리고 수레를 달려서 다이텐(竺常大典)과 가쿠다이(瀧鶴臺)를 등 뒤에 두고 반정균과 육비를 대면해 필상과 다로 사이에서 웃

14 『청비록』 권1 「日本蘭亭集」
15 『담헌서』 내집 권3 「贈元玄川歸田舍」 "斗南朝列侍 學臺夕趨隅 言貌雖異俗 氣義皆吾徒"

으며 붓을 휘두르는 황홀한 느낌이 든다. (중략) 다만 내가 다이텐과 가쿠다이 두 사람을 대한 것이 담헌이 반정균과 육비를 대한 것보다 못하도. 필담한 많은 내용을 다이텐과 가쿠다이가 가져가 버려 지금에 이르러 한두 가지도 기억하지 못하니, 이 책을 읽은 날 부끄럽고 슬퍼하는 이유이다."

귀국할 때 원중거가 가져온 것은 일본문사들이 준 증별시 뿐이고 필담 내용이 없는 것에 대한 안타까움을 표시하였다. 원중거가 일본문사 두 사람과 홍대용이 교류한 중국문사 두 사람을 같은 선상에 두고, 같은 문자와 사상을 토로할 수 있는 동지라고 생각한 사실이 흥미롭다. 병세의식과 동문의식을 표현한 것이다.

이덕무 또한 다카노 란테이(高野蘭亭)라는 일본의 맹인 시인에 관해 소개하면서 그의 시를 높이 평가했고, 거기에 나오는 타키를 언급하였다.[16] 이덕무는 또 겐카도가 만든 겸가당회와 성대중이 가져온 「겸가아집도」에 관해서도 큰 관심을 보였으며, 두루마리의 그림과 부기된 일본 문사들의 시를 칭찬하였다.[17] 다이텐은 「겸가아집도」의 마무리에 "나의 문은 유교의 도가 아닌데도 성공(成公)이 세슈쿠와 똑같이 보아주었으며, 이역만리 밖의 문명과 교류하게 된 감동이 마음속에만 서려 있는데 밖으로 드러내지 않을 수 없어 겸가아집도 뒤에 서문을 쓴다."고 밝혔다.

16 『청비록』 권1 「日本蘭亭集」
17 『청비록』 권1 「蒹葭堂」

이덕무는 다이텐의 겸가아집도 서문을 인용한 뒤 자신의 감상을 토로하였다.

> "아 조선의 풍속은 협루하여 기휘하는 것이 많다. 문명의 교화는 오래되었으나 도리어 풍류와 문아(文雅)는 일본인보다 못하다. 그런데도 스스로 잘난 체하며 다른 나라를 업신여기니 나는 이를 매우 슬퍼한다. 원현천이 '일본에는 총명하고 영수한 사람들이 많아 진정을 토로하고 심금을 비춰 보인다. 시문과 필담도 모두 귀히 여길 만하고 버릴 수 없다. 그런데 우리나라 사람들은 오랑캐라고 무시해 언뜻 보고 나무라며 헐뜯기를 좋아한다.'고 했는데 참으로 옳은 말이다. 나는 이 말에 느낀 바 있어 이국의 문자를 보면 정성스러운 마음으로 사랑하기를 마치 마음 맞는 친구의 글을 보는 것처럼 한다."[18]

다이텐과 마찬가지로 이덕무 및 원중거의 이 말도 동문의식과 병세의식을 잘 표현하고 있다. 이러한 자세와 인식은 이덕무 개인의 것이 아니라 연암일파를 비롯한 일군의 지식인들에게 공유되었으며, 150년 이상 축적되어 온 양국지식인들의 교류의 소산이자 정보를 통한 이해 성숙의 결실이다. 국경을 넘어선 동아시아의 '문예공화국'이라고 표현해도 지나침이 없다.

이 시기에 와서 조일 양국의 문사들 간에 대등한 교류가 가능했던 요소를 생각해 보면, 첫째 양국이 한자문화를 공유하면서 동문의식을

---

18 『청비록』 권1 「蒹葭堂」

가졌고, 또 이 시기에 이르러 문예능력이 평준화되었다는 사실을 들 수 있다. 당시 일본에서는 각 번에서 번교(藩校)가 활성화하고, 사숙(私塾)이 증가함에 따라 한학이나 유학이 특정계층의 전유물이 아니라 일반지식인에게도 교양 중의 하나가 되었다. 이 시기는 일본의 한문학이 정점에 달하는 시기이기도 하다. 교토와 오사카에는 혼돈시사(混沌詩社)와 같은 시동호인 그룹이 생겨나 수준 높은 시를 창작했으며, 통신사행원들과 대등하게 창화하는 수준에 이르렀다. 특히 소라이의 제자들인 고문사학파를 중심으로 조선 문사들과 시론(詩論)에 관해 논쟁을 벌이기도 하였다. 고문사학이 토론의 주제로 부상하였고, 고학과 주자학의 논쟁이 벌어지는 양상이 전개되었다.

둘째, 일본과 마찬가지로 조선에서도 계층을 넘어서 교류가 활발하게 이루어지고 있었다. 계미통신사행에서 사문사의 사행록에 가장 많이 언급된 일본문사는 키무라 겐카도·가메이 난메이(龜井南冥)·나바 로도(那波魯堂=師曾)·다이텐 겐죠(大典顯常)이다. 이들의 직업을 보면 상인·의사·유학자·승려이다. 오사카의 겐카도그룹("兼葭堂會)은 신분과 직업을 뛰어넘어 시문이라는 공통분모를 가지고 어울렸다. 이들은 활발한 문화교류를 통해 수준높은 한문구사력과 교양을 갖추었으며 또 시사(詩社) 활동을 통해 독자적인 시론(詩論)을 확립하였고, 통신사행원들이 지은 창수시를 비판할 수 있는 안목을 가졌다. 이러한 일본문사들을 목격한 사행원들은 오랑캐라고 멸시했던 태도를 반성하는 계기가 되었다. 이에 성대중은 "무릇 알지 못하는 자에게 허풍을 쳤으니 부끄러운 일이다."라고 토로하기도 하였고,[19] 원중거는 일본문사들을 대할 때 겸 양의 자세로 예를 갖추어야 한다고 강조하였다.

한편 조선에서도 이 시기에는 시문 창작과 문화운동의 주류가 바뀌어가고 있었다. 사문사로 대표되는 서얼과 이언진과 같은 역관 등 중인과 양반들 사이에 신분과 계층을 넘어선 교류가 일반화하였다. 백탑시사와 연암일파가 대표적인 사례이다. 이들에 의해 서얼문학, 위항문학등 중인문학이 성행하였으며, 그들은 해외에 나가서도 문명을 떨쳤다. 이러한 문화교류의 담당자, 전달자로서의 역할은 사문사들이 중심이었다. 또 역관과 같은 중간계층의 인사들이 사행을 통해 국내외적으로 인적 네트워크를 구축하면서 이국의 문물과 지식, 정보를 발신하고 유통하는 역할을 담당하였다.

한편 조선의 통신사행원과의 교류에 적극적으로 나서는 일본문사들의 태도에 대해 오규 소라이나 나카이 치쿠잔(中井竹山)과 같은 일부 인사들은 '국체(國體)를 손상하는 수치스러운 태도'라고 하면서 비판하기도 했다. 그들은 막부에 건의해 교류를 제한해야 한다고 주장했고, 왜곡된 조선관과 역사인식을 표출하기도 하였다. 그러나 그것이 대세는 아니었고 바람직한 방향이 아니었음도 자명하다.

앞으로 연구방향으로는 통신사와 부경사(=연행사)를 연결해 동아시아적 시각에서 재조명해 볼 필요가 절실하다. 이미 그러한 시각에서 문제제기를 한 연구가 적지 않다. 일본의 후마 스스무(夫馬進), 다카하시

19 성대중, 『일본록』槎上記「書東槎軸後」

히로미(高橋博巳), 국내의 박희병·정훈식·정민·박상휘 등의 연구가 그 것이다.[20] 그들 가운데는 18세기 유럽에서의 사례와 유사한 형태의 '문예공화국'이 동아시아에서도 형성되었다고 하면서 동아시아문화공동체의 선행모델로서의 가능성에 주목하기도 하였다.

동아시아문예공화국 혹은 학예공화국이 있었는지, 그 성격은 무엇인지 등에 관한 기존의 논의를 검토해보면, 실제로는 18세기 후반이라는 아주 제한된 시기에 일부지식인, 즉 조선의 연암일파, 중국의 강남문사, 일본의 겐카도그룹 등에 한정된 것으로 특수한 현상이라고 할 수 있다. 사실 유럽에서의 국경을 넘어선 문화인과 지식인들 사이에 형성되었다는 살롱문화도 아주 제한적인 현상이었다. 그렇다고 하더라도 한·중·일 삼국의 지식인 사이에 있었던 국경을 넘어서는 문화적 교류는 동아시아 문화교류사, 근대여명기의 동북아시아 역사에서 매우 의미있는 사실이 아닐 수 없다.

---

20 高橋博巳, 『東アジアの文藝共和國』, 新典社, 2009; 정민, 『18세기 한중 지식인의 문예공화국』, 문학동네, 2014

참고문헌

1. 연구저서

하우봉, 『조선후기 실학자의 일본관 연구』, 일지사, 1989.

하우봉, 『조선시대 한국인의 일본인식』, 혜안, 2006.

이원식, 『朝鮮通信使の研究』, 思文閣出版, 1997.

오수경, 『연암그룹 연구』, 한빛, 2003.

구지현, 『계미통신사 사행문학 연구』, 보고사, 2006.

구지현, 『통신사 필담창화집의 세계』, 보고사, 2011.

후마 스스무, 『연행사와 통신사』, 신서원, 2008.

박재금 역주, 『와신상담의 마음으로 일본을 기록하다 : 화국지』, 소명출판, 2006.

김경숙 역주, 『조선후기 지식인, 일본과 만나다 : 승사록』, 소명출판, 2006.

홍학희 역주, 『부사산 비파호를 날 듯이 건너 : 일본록』, 소명출판, 2006.

김보경 역주, 『붓끝으로 부사산 바람을 가르다 : 일관기』, 소명출판, 2006.

허경진 역주, 『한객인상필화(韓客人相筆話)』, 지식을만드는지식, 2009.

옥영정 외, 『조선의 백과지식: 대동운부군옥으로 보는 조선시대 책의 문화사』, 한국학중앙연구원, 2009.

김문식, 『조선후기 지식인의 대외인식』, 새문사, 2009.

안대회 외, 『청장관 이덕무 연구』, 학자원, 2012.

진재교, 김문경 역주, 『18세기 일본지식인 조선을 엿보다-평우록』, 성균관대출판부, 2013.

정광 외, 『연행사와 통신사』, 박문사, 2014.

정민, 『18세기 한중 지식인의 문예공화국』, 문학동네, 2014.

장진엽, 『계미통신사 필담의 동아시아적 의미』, 보고사, 2017.

박상휘, 『선비, 사무라이사회를 관찰하다』, 창비, 2018.

박상휘 역주, 『청령국지』, 아카넷, 2017.

高橋博巳, 『東アジアの文藝共和國』, 新典社, 2009.

夫馬 進, 『朝鮮燕行使と朝鮮通信使』, 名古屋大學出版會, 2015.

2. 연구논문

하우봉, 「새로 발견된 일본사행록들 -해행총재(海行摠載)의 보충과 관련하여-」, 『역사학보』 112, 1986.

하우봉, 「원중거의 "화국지"에 대하여」, 『전북사학』 11, 1989.

하우봉, 「원중거의 일본인식」, 『이기백선생 고희기념 한국사학논총』, 일조각, 1994.

하우봉, 「조선후기 실학자들의 일본관련 문헌정리와 고학 이해」, 『한국실학과 동아시아세계』, 경기문화재단, 2004.

하우봉, 「통신사행원의 일본고학에 대한 인식」, 『일본사상』 8, 2005.

하우봉, 「19세기초 조선과 유럽의 만남」, 『사학연구』 90, 2008.

하우봉, 「조선후기 대일통신사행의 문화사적 의의」, 『사학연구』 95, 2009.

하우봉, 「계미통신사행의 문화교류 양상과 특징」, 『진단학보』 126, 2016.

하우봉, 「통신사행 문화교류의 새 양상」, 『한일관계사연구』 59, 2018.

하우봉, 「통신사 연구의 현황과 과제」, 『비교일본학』 43, 2018.

하우봉, 「18세기 초엽 일본 소라이문파와 조선통신사의 교류 -太宰春台의 『韓館唱和稿』를 중심으로」, 『공존의 인간학』 3, 2020.

유봉학, 「18~19세기 연암일파 북학사상의 연구」, 서울대 박사학위논문, 1992.

임형택, 「계미통신사와 실학자들의 일본관」, 『창작과비평』 85, 1994.

임형택, 「실학자들의 일본관과 실학」, 『실사구시의 한국학』, 창작과비평사, 2000.

정장식, 「이덕무의 일본연구」, 『인문과학연구』 14, 청주대 인문과학연구소, 1995.

정장식, 「영조대 통신사와 이덕무의 일본연구」, 『일본문화학보』 23, 2004.

한태문, 「조선후기 통신사 사행문학의 특징과 문학사적 의의」, 『동양한문학연구』 10. 1996.

김성진, 「남옥의 생애와 일본에서의 필담창화」, 『한국한문학연구』 19, 1996.

김성진, 「계미사행시의 남옥과 나파사증」, 『한국문학논총』 40, 2005.

신로사, 「원중거의 "화국지"에 관한 연구 -그의 일본인식을 중심으로」, 성균관대 석사학위논문, 2004.

김경숙, 「현천 원중거의 대마도인 인식과 그 의미 -일본 '내지인' 인식과의 비교를 중심으로」, 『국어국문학』 140, 2004.

김보경, 「남옥의 『일관기』 연구」, 『한국고전연구』 14, 2006.

김보경, 「계미사행 조선 문사들의 江戶 체험과 그 의미」, 『한문학보』 20, 2009.

박재금, 「원중거의 『화국지』에 나타난 일본인식」, 『우리 한문학사의 해외체험』, 집문당, 2006.

정훈식, 「조선후기 통신사행록 소재 견문록의 전개 양상」, 『한국문학논총』 50, 2008.

정훈식, 「원중거와 홍대용의 사행록을 통해 본 18세기 사행록의 향방」, 『조선통신사연구』 7, 2008.

권정원, 「고염무의 일지록과 조선후기 고증학」, 『한국실학연구』 15, 2008.

박채영, 「현천 원중거의 통신사행록 연구 – "승사록"과 "화국지"를 중심으로」, 이화여대 석사학위논문, 2009.

안대회, 「18·19세기 조선의 백과전서파와 『和漢三才圖會』」, 『대동문화연구』 69, 2010.

김정신, 「1763년 계미통신사 원중거의 일본인식」, 『조선통신사연구』 11, 2010.

윤제환, 「『일관시초』를 통해 본 추월 남옥의 일본인식」, 『고전과 해석』 8, 2010.

정 민, 「18, 19세기 조선 지식인의 병세의식」, 『한국문화』 54, 2011.

구지현, 「18세기 필담창화집의 양상과 교류 담당층의 변화」, 『통신사 필담창화집의 세계』, 보고사, 2011.

박재금, 「원중거의 일본체험, 그 의의와 한계 – "화국지"를 중심으로」, 『한국한문학연구』 47, 2011.

손승철, 「조선통신사 사행록 연구 – "해동제국기"와 "화국지"의 동이점 분석」, 『인문과학연구』 30, 2011.

박혜민, 「이덕무의 일본에 관한 지식형성과정」, 연세대 석사학위논문, 2012.

이효원, 「1719년 필담창화집 『航海唱酬』에 나타난 일본 지식인의 조선관」, 『고전문학연구』 41, 2012.

이효원, 「荻生徂徠와 통신사 – 徂徠 조선관의 형성과 계승에 주목하여」, 『고전문학연구』 43, 2013.

이효원, 「荻生徂徠의 『贈朝鮮使序』 연구」, 『한국한문학연구』 51, 2013.

박희병, 「조선의 일본학 성립 – 원중거와 이덕무」, 『한국문화』 61, 2013.

김문경, 「평우록 해제」, 『18세기 일본지식인 조선을 엿보다–평우록』, 성균관대출판부, 2013.

이홍식, 「1763년 계미통신사의 일본문화 인식 – 현천 원중거를 중심으로–」, 『온지논총』 41, 2014.

황은영, 「1763년 계미통신사 조엄의 사행과정과 문화교류 연구」, 『인문과학연구』63, 2019.

三宅英利, 「近世朝鮮官人の日本天皇觀」, 『鎖國日本と國際交流』上卷, 吉川弘文館, 1987.

高橋博巳, 「通信使・北學派・蒹葭堂」, 『조선통신사연구』4, 2007.

高橋博巳, 「洪大容・李德懋らのプリズムを通して見る日本の文雅 −東アジア學藝共和國への 助走」, 『동아시아문화연구』49, 2011.

ㄱ

가메이 난메이(龜井南冥) 101, 197, 210

가쿠다이(鶴臺=瀧長愷) 176, 207, 208

가타야마 홋카이(片山北海) 196, 200

간양록(看羊錄) 69, 122, 156, 165, 170, 171, 174

강홍중 172

건연외집(巾衍外集) 64, 145, 182, 184, 206

건정필담(乾淨筆談) 207

겐카도그룹(兼葭堂會) 181, 205, 206, 210, 212

격조선론(擊朝鮮論) 70

겸가당회(兼葭堂會) 196, 197, 198, 205, 208

겸가아집도(兼葭雅集圖) 152, 180, 181, 195, 197, 198, 200, 202, 203, 205, 206, 207, 208, 209

계미수사록(癸未隨槎錄) 45

계미수사총록 46

계미통신사행 15, 17, 23, 40, 41, 42, 43, 46, 48, 49, 52, 53, 55, 58, 74, 92, 105, 122, 134, 145, 146, 172, 175, 180, 189, 194, 196, 203, 206, 210

고득종(高得宗) 28

고리(合離=細合半齋) 116, 198, 200

고문사학(古文辭學) 21, 49, 50, 52, 53, 55, 112, 114, 115, 187, 195, 207, 210

고사촬요(考事撮要) 69

고선책보(古鮮册譜) 60

고학(古學) 21, 39, 40, 50, 52, 210

곤도 아츠시(近藤篤) 116

관백(關白) 73, 89, 92, 104, 131, 158

국조보감(國朝寶鑑) 149

국초왜인내조(國初倭人來朝) 72, 122

국학(國學) 50, 95, 110, 136

기균(紀昀) 141

기해통신사행 39, 48, 172

김용겸(金用謙) 16, 18, 19, 20, 22

김원행(金元行) 17, 22

김인겸(金仁謙) 21, 23, 26, 42, 45, 46, 53, 56

김재행(金在行) 202

ㄴ

나가도미 호(永富鳳) 116

나바 도엔(那波道圓) 109

나바 시소(那波師曾) 21, 103, 109, 112, 131

나카이 치쿠잔(中井竹山) 133, 134, 211

낙론계(洛論系) 16, 22, 146

난정집(蘭亭集) 154

난학(蘭學) 50, 136

남공철(南公轍) 19, 141

남옥(南玉) 26, 40, 42, 44, 46, 48, 54,
55, 56, 92, 135, 172, 173, 177

남용익(南龍翼) 172

낭화춘효도(浪華春曉圖) 198, 200

논어고금주(論語古今注) 41

논어고훈외전(論語古訓外傳) 41, 58

논어징(論語徵) 113

누선(樓船) 97, 98

ㄷ

다이라 시게노부(平調信) 126

다이라씨가(平氏家) 126

다이라 에이(平瑛) 107

다이묘(大名) 73, 87, 89, 90, 91, 92, 94,
95, 123

다이텐 켄죠(大典顯常) 197

다자이 슌다이(太宰春臺) 40, 41, 58

다카노 란테이(高野蘭亭) 208

다케다 마나오(竹田誠直) 109

다히라 노부나가(平信長) 89

데라시마 료안(寺島良安) 144, 154

도미노 기윤(富野義胤) 99

도요토미 히데요시(豊臣秀吉) 28, 89, 123

도정집(陶情集) 35

도쿠가와막부(德川幕府) 30, 31, 50, 73,

84, 91, 92, 93, 94, 95, 127, 137

도쿠가와 미쓰쿠니(德川光國) 110

도쿠가와 요시무네(德川吉宗) 37

도쿠가와 이에야스(德川家康) 86, 87

도쿠도미 소호(德富蘇峰) 60, 61

동국여지승람(東國輿地勝覽) 69

동국통감(東國通鑑) 69

동란섭필(銅蘭涉筆) 180

동문의식(同文意識) 186, 194, 195, 203,
204, 205, 208, 209

동사동국제가사류변증설(東事東國諸家
史類辨證說) 60

동사록(東槎錄) 45, 172

동사일기(東槎日記) 45

동아시아문예공화국 212

동의보감(東醫寶鑑) 37, 101

동자문(童子問) 40, 111, 154

동화명공인보(東華名公印譜) 201, 202

ㄹ

루수 토모노부(留守友信) 109

ㅁ

마만배(馬蠻輩) 81

마에마 고사쿠(前間恭作) 60

마왜(馬倭) 81

명무군관(名武軍官) 45, 133

명물도수학(名物度數學) 22

명사록(溟槎錄) 45

명신록(名臣錄) 69

명화무감(明和武鑑) 91, 92

모노노베 소하쿠(物部雙柏) 63, 103, 111

모토오리 노부나가(本居宣長) 95

무감(武鑑) 73, 91, 92, 135

무라사키 쿠니히코(紫邦彦) 116, 131

무로마치막부(室町幕府) 28, 123, 158

무림전(武林傳) 154

무진통신사행 23, 36, 48, 55, 58, 172, 196

문견록(聞見錄) 44, 45, 47, 62, 63, 73, 75, 171, 172, 173, 174, 177

문전(文戰) 52

미나모토 세이케이(源正卿) 116

미나모토 소칸(源宗翰) 110

미나모토 요리토모(源賴朝) 89

미도학(水戶學) 110

민혜수 45

ㅂ

박서생(朴瑞生) 28

박제가(朴齊家) 19, 20, 64, 66, 140, 141, 143, 144, 145, 147, 148, 151, 163, 175, 182, 183, 184, 185, 207

박지원(朴趾源) 140, 143, 144, 146, 147, 150, 151, 163, 175, 180, 181, 184

박필주(朴弼周) 16

반소라이학파 50, 112

반정균(潘庭筠) 141, 143, 202, 207, 208

백탑시사(白塔詩社) 140, 211

변례집요(邊例集要) 37

변탁 45

변효문(卞孝文) 28

병세의식(並世意識) 183, 194, 195, 201, 202, 206, 208, 209

병세집(並世集) 66, 178, 182, 202, 206

보한재집(保閒齋集) 69

본조무감(本朝武鑑) 91

봉사일본시문견록(奉使日本時聞見錄) 155, 172

부경사(赴京使) 38, 140, 144, 190, 191, 202, 206, 211

부상록(扶桑錄) 172

북학(北學) 77, 163, 176, 184, 189

북학의(北學議) 144, 175, 176, 182

비선(飛船) 98

비왜론(備倭論) 144, 151

ㅅ

사다나오(定直) 109

사록(槎錄) 45

사문사(四文士) 21, 23, 26, 34, 41, 42, 43, 46, 53, 54, 195, 201, 204, 210, 211

사상기(槎上記) 45

삼사(三使) 23, 25, 26, 34, 35, 42, 43, 44, 46, 75, 110, 132, 133

삼포왜관 122

서관백(西關白) 87, 88, 135

서궁기(西宮記) 154
서명응(徐命膺) 23, 25
서세동점(西勢東漸) 125
서유구(徐有榘) 19, 151, 155
석담일기(石潭日記) 69
석실서원 17, 18
선묘보감(宣廟寶鑑) 69
선문쇄록(瑄聞鎖錄) 69
선사만랑집(仙槎漫浪集) 146
성대중(成大中) 19, 20, 21, 26, 40, 42,
　　45, 56, 113, 143, 145, 146, 147,
　　148, 149, 152, 154, 163, 166,
　　172, 173, 175, 180, 181, 183,
　　184, 194, 195, 197, 198, 200,
　　202, 203, 205, 206, 208, 210
성완(成琬) 35
성해응(成海應) 146, 200
세이센(井潛) 116
세이키도문고(成簣堂文庫) 60
소라이학(徂徠學) 112, 114, 115, 120
소라이학파 50, 52, 65
소안세이(草安世) 116
소학(小學) 21, 187
속일본기(續日本記) 154, 156
스사노오 미고토(素盞烏尊) 89
승문원 소장 서계(承文院所藏書啓) 69
승사도로총목(乘槎道路總目) 62
승사록(乘槎錄) 14, 20, 44, 45, 47, 60,
　　61, 62, 63, 64, 66, 68, 69, 81,
　　82, 84, 105, 110, 113, 125, 134,

　　145, 173, 177, 186
승사월일총목(乘槎月日總目) 62
시게아키(調興) 126
시볼트(Philip F. Siebold) 77
시사(詩社) 53, 210
식파록(息波錄) 23
신유한(申維翰) 39, 40, 44, 75, 156, 172,
　　173
신행편람(信行便覽) 26, 135

　　　　　　ㅇ

아라이 하쿠세키(新井白石) 35, 133
아란타(阿蘭陀) 96, 162
아시카가 요시미쓰(足利義滿) 28, 123
아이노시마(藍島) 101, 110, 197
아정유고 146
아조정왜록(我朝征倭錄) 72, 122
아조통신(我朝通信) 72, 122
안남(安南) 149, 162, 182, 190, 202, 206
안용복전 72, 122
안정복 40, 76
앙엽기(盎葉記) 149, 151, 156, 168, 180
야마가 소코(山鹿素行) 50
양명학 40, 50
양의(良醫) 32, 35, 37, 99, 133
엄린(嚴璘) 25
여유당전서 166
역외춘추론(域外春秋論) 179
역지통신(易地通信) 23, 41
연암일파(燕巖一派) 14, 19, 20, 22, 146,

163, 177, 178, 185, 195, 201, 202, 206, 207, 209, 211, 212

열하일기 143, 175, 180

오규 소라이(荻生徂徠) 21, 40, 50, 52, 53, 55, 58, 109, 112, 113, 115, 168, 178, 179, 195, 211

오대령 45

오오카 슌보쿠(大岡春卜) 36, 196

오주연문장전산고(五洲衍文長箋散稿) 60, 166

오처경(吳妻鏡) 154, 156, 159

오카다 기세이(岡田宜生) 116

오카 로안(岡魯庵 = 罡元鳳) 200

오카 메이린(岡明倫) 116

오카 시로코마(岡白駒) 116

왕세정(王世貞) 113, 114, 182

왜관사실(倭館事實) 72, 122

왜명초(倭名抄) 154

용재총화(慵齋叢話) 69

우정대신(右政大臣) 86

원세조정토기(元世祖征討記) 70

원중거(元重擧) 14, 15, 16, 17, 18, 19, 20, 21, 22, 23, 25, 26, 40, 42, 44, 45, 46, 47, 54, 55, 56, 57, 61, 62, 63, 64, 65, 66, 67, 68, 69, 70, 75, 76, 80, 81, 82, 83, 84, 85, 86, 87, 88, 89, 90, 91, 92, 93, 94, 95, 96, 97, 98, 99, 100, 101, 102, 103, 104, 105, 106, 107, 108, 110, 111, 112, 113, 114, 115, 116, 117, 119, 120, 121, 122, 123, 124, 125, 126, 127, 128, 129, 130, 131, 132, 133, 134, 135, 136, 137, 143, 145, 146, 147, 149, 152, 154, 156, 163, 166, 168, 172, 173, 174, 175, 176, 177, 178, 179, 180, 181, 182, 183, 184, 185, 187, 194, 195, 196, 202, 203, 204, 206, 207, 208, 209, 211

위황(僞皇) 167

유구(琉球) 149, 162, 190, 202, 206

유득공(柳得恭) 19, 20, 64, 66, 140, 141, 143, 144, 145, 147, 151, 163, 181, 182, 184, 188, 202, 206, 207

유란사(幽蘭社) 52

유서(類書) 39, 121, 164

유성룡 124

유후(柳逅) 20, 25, 40, 145

윤광심(尹光心) 66, 178, 202, 206

윤행임 19

을병연행록 46

의방유취(醫方類聚) 37

의산문답(醫山問答) 175, 179

이가환 19, 185

이규경 60, 155, 166

이덕무 15, 19, 20, 40, 57, 60, 64, 66, 77, 135, 136, 140, 141, 142, 143, 144, 145, 146, 147, 148,

149, 150, 151, 153, 154, 155,
156, 163, 164, 166, 167, 174,
175, 180, 181, 182, 184, 189,
197, 200, 202, 206, 208, 209

이득배 25

이만수 19

이서구(李書九) 19, 64, 66, 140, 143,
145, 147, 148, 151, 155, 163,
180, 182, 184, 206

이성린(李聖麟) 36, 196

이순신 76

이언진(李彦瑱) 180, 211

이에하루(家治) 90

이용후생 22, 152, 176

이용후생학(利用厚生學) 20, 22

이우린(李于麟) 113, 114

이유원 166

이익(李瀷) 38, 76, 81, 82, 118, 126,
128, 130, 134, 143, 188

이인배(李仁培) 17, 25, 26

이정원(李鼎元) 141, 143

이조원(李調元) 141, 143

이존록(彛尊錄) 69

이충무공유사(李忠武公遺事) 72, 122

이케다 타이가(池田大雅) 196

이토 진사이(伊藤仁齋) 40, 50, 55, 109,
111, 112, 113, 115, 168, 178,
179, 195

이학금지령(異學禁止令) 111

일관기(日觀記) 44, 46, 48, 92, 135, 172,

173, 177

일관시초(日觀詩草) 44, 177

일관창수(日觀唱酬) 44, 54, 55, 177

일동시선(日東詩選) 64, 66, 180, 182,
184

일동장유가 23, 45, 46

일동조아(日東藻雅) 45, 47, 55, 60, 64,
65, 66, 145, 168, 177, 178, 182,
184, 195, 202, 203, 206, 207

일본(NIPPON) 77

일본기략(日本記略) 154, 156

일본록 45, 147, 149, 172, 173

일본무우론(日本無憂論) 119

일본삼재도회(日本三才圖會) 70

일본서기(日本書紀) 70, 154, 156

일본일사(日本逸史) 154, 156, 182

임진입구시적정(壬辰入寇時賊情) 31, 35,
72, 122

임하경륜(林下經綸) 175

임하필기(林下筆記) 166

입연기(入燕記) 141, 148

ㅈ

적생조래문집(荻生徂徠文集) 70

전국시대(戰國時代) 89, 91

전인일기(前人日記) 69

절충학파 50, 55, 111

정덕무감(正德武鑑) 91

정약용 17, 41, 58, 119, 166, 185, 188,
204

정이대장군(征夷大將軍) 86
정주학(程朱學) 21, 22, 109, 111, 112,
    176, 187
정토록(征討錄) 69
제만춘(諸萬春) 76
조래집(徂徠集) 112, 113, 154
조명채(曺命采) 40, 155, 172
조엄(趙曮) 21, 25, 40, 46, 53, 56, 75,
    98, 120, 128, 134, 146, 156
존왕양이론(尊王攘夷論) 110
존왕운동(尊王運動) 94, 95, 110, 136
존왕척패론(尊王斥覇論) 95
죠오(淨王=聞中淨復) 198, 200
주순수(朱舜水) 110
중국통사정벌(中國通使征伐) 67, 72, 122
지봉유설(芝峰類說) 69
지세론(地勢論) 70
징비록(懲毖錄) 69, 121, 124

ㅊ

창수(唱酬) 21, 44, 48, 54, 55, 105, 107,
    133, 146, 207
창화(唱和) 26, 35, 36, 49, 52, 107, 110,
    178, 210
천애지기서(天涯知己書) 180, 202, 206
천황(天皇) 73, 86, 87, 88, 89, 92, 94,
    95, 103, 104, 157, 167
천황허위론(天皇虛位論) 87
청령국시선 64, 65, 167, 180
청령국지(蜻蛉國志) 77, 136, 145, 146,

147, 148, 149, 150, 151, 152,
    153, 154, 155, 156, 157, 163,
    164, 165, 166, 167, 168, 174,
    175, 181, 182, 184
청비록(淸脾錄) 60, 64, 66, 146, 151,
    167, 180, 197, 200, 202
청장관전서(靑莊館全書) 141, 142, 149,
    154, 167
최천종 23, 127, 128, 173, 197, 198
쵸몬주(長門州) 116, 176
춘관지(春官志) 69
치쿠젠주(筑前州) 107, 109, 110, 112,
    116, 177

ㅋ

카게나오(景直) 126
카이바라 에키켄(貝原篤信) 155
카츠 도안(葛藟庵=葛張) 200
칸세이이학금지령(寛政異學禁止令) 50
키노시타 데이칸(木貞貫) 107
키노시타 준앙(木下順庵) 109, 116
키무라 겐카도(木村蒹葭堂) 180, 183,
    195, 196, 198, 205, 210
키무라 호코(木弘恭) 116, 195, 200

ㅌ

타루미 히로노부(垂水廣信) 108
타케다 마나오(竹田誠直) 110
타키 쵸가이(瀧長愷) 65, 103, 107, 116,
    183

태정대신(太政大臣) 88
토모시게(智盛) 126
통신사(通信使) 28, 29, 30, 31, 32, 33,
　　34, 37, 38, 43, 147, 151, 154,
　　178, 188, 189, 190, 191, 196,
　　205, 206, 211
통신사행렬도 24, 33
통항일람(通航一覽) 36

ㅍ

패관잡기(稗官雜記) 69
평우록(萍遇錄) 198
필담(筆談) 21, 35, 47, 48, 49, 53, 54,
　　55, 56, 101, 105, 106, 107, 133,
　　135, 165, 202, 208, 209
필담창화집 36, 43, 48, 49, 53, 54, 55,
　　56, 175, 194

ㅎ

하담파적록(荷潭破寂錄) 69
하마 세이준(播摩淸絢) 116
하야시가(林家) 50, 58, 109, 110, 111,
　　187
하야시 노부히코(林信彦) 21, 111
하야시 라잔(林羅山) 35, 109, 116, 119
학봉문집(鶴峰文集) 69
한천수(韓天壽) 107
한치윤(韓致奫) 155, 165
해동부자(海東夫子) 113, 114
해동야언(海東野言) 69

해동역사(海東繹史) 165
해동읍지(海東邑誌) 19
해동제국기(海東諸國紀) 69, 87, 156,
　　165, 170, 171, 173, 174
해람편(海覽篇) 180
해사일기(海槎日記) 44, 46, 75, 92, 134,
　　156
해유록(海遊錄) 44, 69, 75, 156, 172,
　　173
해행일기(海行日記) 46
해행총재(海行摠載) 23, 147
허생전(許生傳) 180
현천(玄川) 14, 15
호행문사(護行文士) 21, 69, 135, 176,
　　197
혹서(或書) 154
혼돈시사(混沌詩社) 52, 196, 197, 210
홍경해(洪景海) 40
홍대용(洪大容) 15, 22, 46, 47, 65, 66,
　　143, 147, 163, 168, 175, 177,
　　178, 179, 181, 184, 188, 202,
　　203, 204, 206, 207, 208
화국기(和國記) 60
화국지(和國志) 14, 20, 22, 23, 44, 45,
　　46, 47, 57, 60, 61, 62, 63, 64,
　　66, 67, 68, 69, 70, 71, 73, 74,
　　75, 76, 77, 81, 82, 84, 86, 89,
　　90, 96, 99, 101, 103, 106, 108,
　　113, 116, 121, 123, 124, 125,
　　134, 135, 136, 145, 146, 149,

156, 163, 164, 165, 166, 168,
172, 173, 174, 175, 176, 177,
181, 183
화이관(華夷觀) 56, 80, 163, 179
화이일야론(華夷一也論) 179
화한명수(和漢名數) 147, 154, 155, 164
화한삼재도회(和漢三才圖會) 144, 147,
154, 155, 156, 164, 165, 182
화한역대비고(和漢歷代備考) 154
황신 29
황윤길 29
황윤석 22

황정욱집(黃廷彧集) 69
회답겸쇄환사(回答兼刷還使) 30
회우록(會友錄) 202, 206
회정기(回程記) 62
후기한시사가(後期漢詩四家) 20, 145,
184
후지와라 세이카(藤原惺窩) 108, 109,
115, 116
후쿠하라 쇼메이(福原承明=福尙修) 200,
201
히라다 아츠다네(平田篤胤) 95
히젠주(備前州) 116

원중거, 조선의 일본학을 열다

초판 인쇄 2020년 11월 20일
초판 발행 2020년 11월 30일

지 은 이 하우봉
기획총괄 실학박물관
진   행 김명우
발 행 처 경기문화재단 실학박물관
          12283 경기도 남양주시 조안면 다산로747번길 16
          전화 031-579-6000-1   http://www.silhakmuseum.or.kr

제 작 처 경인문화사
편 집 부 유지혜 김지선 박지현 한주연
마 케 팅 유인순 전병관 하재일
출판번호 제406-1973-000003호
주   소 경기도 파주시 회동길 445-1 경인빌딩 B동 4층
대표전화 031-955-9300
팩   스 031-955-9310
홈페이지 www.kyunginp.co.kr
이 메 일 kyungin@kyunginp.co.kr

ISBN 978-89-499-4927-7 03910
값 16,500원